JN440929

곡비哭婢

현 대 수 필 가 1 0 0 인 선 II · 98

곡비哭婢

김순경 수필선

수필과비평사 · 좋은수필사

■ 책머리에

수필은 누구나 부담 없이 읽고, 마음만 먹으면 직접 쓸 수도 있는 가장 친근한 문학이다. 다른 영역의 문학이 영상매체에 밀려 신음하고 있는 중에도 수필 인구만은 날로 증가하여 바야흐로 수필 전성시대를 구가하고 있는 이유도 거기에 있을 것이다.

시대적 추세에 힘입어 수많은 수필전문지, 수필동인지가 창간되고, 이에 비례하여 신진 수필가도 날로 늘어나다 보니 이제는 그 많은 작가, 그 많은 작품 중에서 문학성 높은 작품을 가려 읽는 일이 쉽지 않게 되었다. 이런 현상은 작가에게나 독자에게나 결코 바람직한 일이 아니다. 더 나아가서는 수필을 연구하는 후세들에게도 큰 부담이 될 것이다.

이런 문제를 해결하는 데는 출판인도 마땅히 한몫을 감당해야 한다는 평소의 소신에 따라, 본사가 기꺼이 그 역할을 맡기로 했다. 그 첫 번째 사업으로 시대를 대표할 만한 수필가 100인을 선정하고, 작가가 자선한 40편 내외의 작품을 수록한 문고본을 발간하여 이를 널리 보급함으로써 그 소임을 다하고자 한다.

본사는 사명감을 가지고 이 사업을 추진해 나가기로 했다. 작가 선정을 전담할 편집위원회를 구성하고 전권을 위임하여 일체의 사적인 정실이나 청탁을 배제함으로써 전문성과 공정성을 확보해 나갈 것이다.

따라서 이 기획물 속에는 작가의 문학정신뿐만 아니라, 본사의 문학사적 기여 의지와 편집위원 제위의 수필문학에 대한 애정과 문인으로서의 양심이 함께 담겨 있음을 자부한다. 다만, 작가를 선정하는 기준에는 많은 견해의 차이가 있을 수 있고, 선정 과정에서도 미처 챙기지 못한 부분이 있을 것이라는 사실만은 인정하지 않을 수 없다. 이 점에 대해서는 관계자 여러분의 양해 있으시기 바란다.

이 시리즈의 발간 순서는 작가, 또는 본사의 사정에 의한 것일 뿐 그 밖의 어떤 기준도 적용하지 않았음을 밝힌다.

본 기획물이 시대를 초월한 많은 수필 애호가들의 관심과 애정 속에 우리나라 수필문학 발전에 한 이정표가 되기를 바랄 뿐이다.

본사에서는 이상과 같은 취지로 『현대수필가 100인선』 전 100권을 완간하여 큰 반향을 불러일으킨 바 있다.

그러나 우리 수필문단의 규모나 수필문학의 수준에 비추어 선정 작가를 100인으로 한정하는 것은 형평성이나 효율성 면에서 크게 부족하다는 의견이 많았고, 본사 또한 이를 통감하던 터라 기꺼이 『현대수필가 100인선Ⅱ』를 발간하기로 했다.

본사의 충정에 찬동하여 출판에 응해주신 저자 여러분에게 감사한다.

2014년 9월

수필과비평 · 좋은수필 발행인 서정환

현대수필가 100인선 간행 편집위원 박재식 최병호

정진권 강호형

오세윤

1_부 대대리별곡

2_부 모탕

3_부 고주박이

4_부 시김새

5_부 검은 꽃

까까머리 이발사

못난 아들

대대리별곡

그곳에는 아직도 산꿩이 울고 있을까

할아버지의 가을 산행

성주城主

하얀 손수건

까까머리 이발사

머리 모양에는 많은 정보가 들어있다. 직업과 신분은 물론 삶의 역정도 가늠하게 한다. 심경의 변화가 생겨 바꾼다 해도 크게 범주를 벗어나지는 않는다. 심지어 이사를 해도 단골 이발소나 미용실을 찾는 것도 그 때문이다. 타고난 성품처럼 한 번 정해지면 쉽게 바꿀 수가 없다.

자신의 의지와 달리 바꿔야 할 때도 있다. 스님은 계율을 따라야 하고 군인과 학생은 군율과 학칙에 맞게 머리를 깎고 잘라야 한다. 같은 군인이라도 장교와 사병처럼 신분이 다르면 머리 모양도 달라진다. 영혼이 자유로운 예술가는 자유분방한 모양을 선호하지만 법조인이나 서비스업 종사자는 흰머리든 검은 머리든 단정함이 기본이다.

시대적 상황에 따라 머리 모양도 변한다. 상투를 틀었던 긴

머리가 일제강점기에는 짧아졌다가 서양문화가 득세하면서 지금처럼 변했다. 혈기 왕성한 청소년들은 일탈의 헤어스타일로 기성세대에 반발하기도 한다. 귀를 덮는 장발이 끝나자 온갖 색상으로 염색하더니 이제는 불규칙적으로 깎은 투 블록이 많이 보인다. 처음 볼 때는 어색하지만 자꾸 보면 익숙해진다.

나는 초등학생 때 하이칼라를 하고 다녔다. 동네 친구들이 까까머리를 할 때 앞머리는 기르고 뒤통수만 단정하게 다듬었다. 돌지 않는 사인볼이 시멘트벽에 그려진 동네 이발소에 가면 의자 팔걸이에 걸친 빨래판 위에 앉았다. 이발사는 묻지도 않고 망토 같은 새하얀 나일론 천으로 온몸을 감싸고 빨래집게로 고정했다. 머리를 쿡 눌러 각도를 잡아주면 정지된 화면처럼 바닥만 내려다보고 앉아 있었다. 흰 나일론 위에 떨어진 머리카락은 미끄럼 타듯 천천히 바닥으로 떨어졌다. 고개를 숙이고 앉아있는 내 귀에는 이발기의 째깍거리는 소리만 들렸다. 이발사는 흰 옷 윗주머니에 꽂혀있던 빗으로 머리를 고르고 가위질을 시작했다.

공기를 자르며 출격 준비를 끝낸 은백색 가위가 등장하면 촉각이 곤두섰다. 빗과 어우러진 가위는 쉴 새 없이 머리 위에서 춤을 추듯 리듬을 탔다. 거울에 비치는 이발사의 손놀림은 노련한 마술사 같았다. 단차를 고르는 가위가 뒤통수를 찌르고 귀를 자를 것처럼 작은 입을 나불거렸지만 실수는 없었다. 가위질이 끝난 뒤통수는 언제나 새파랗게 주눅이 들어 있었다.

중학생이 되면서 까까머리가 되었다. 머리를 깎아주던 형님이 입대하자 마땅히 대신할 사람이 없었다. 내 머리는 내가 깎기로 마음먹었다. 앞부분은 거울을 보면서 쉽게 깎았지만 뒷부분은 달랐다. 앞뒤에 거울을 놓고 이발기를 거꾸로 잡은 손으로 조심스럽게 밀고 올라갔다. 왼손과 오른손을 번갈아 사용하는 기술이 쉽지는 않아도 재미는 있었다. 지켜보던 할아버지는 중도 제 머리는 못 깎는데 하면서 웃으셨다. 이렇게 시작된 까까머리는 고등학교를 졸업과 동시에 끝났다가 군인이 되면서 3년간 다시 이어졌다.

까까머리를 보면 애잔한 기억 하나가 되살아난다. 동생이 초등학교 졸업반이었을 때였다. 경주로 수학여행을 간다며 한껏 들떠 있었다. 급장이었던 동생은 집에 놀러 온 친구들과 여행 갈 준비를 하고 있었다. 준비가 끝나면 이발을 하러 간다고 했다. 내가 깎아 주겠다며 의자에 앉혔다. 평소에 자주 사용하던 이발기를 머리에 들이댔다. 불도저가 길을 닦듯이 이발기가 밀고 올라가자 동생은 몸을 흔들며 짜증을 냈다. 나는 기계에 문제가 있어 머리카락이 뽑히는 줄 알고 천천히 올라갔다. 이발을 다하고 나서야 알았다. 그게 아니라 하이칼라를 원했다는 것을. 머리 모양에 무관심하던 나는 물어보지도 않고 별 생각 없이 깨끗하게 밀어버린 것이었다. 이미 엎질러진 물이었다.

이발은 끝났지만, 한동안 자리를 뜰 수가 없었다. 나는 아무 말도 하지 못하고 가만히 서 있었다. 이발하는 내내 숙이고 있던 머리를 든 동생의 두 눈은 벌겋게 변해 있었다. 머리카락이 떨어지던 하얀 가운에도 눈물 자국이 선명하게 남아 있었다. 머리를 감는 뒷모습을 바라보는 나는 어떤 말도 하지 못했다. 감은 머리를 수건으로 닦던 동생은 작은 거울 앞에서 한동안 말없이 서 있었다. 나는 그 주변을 맴돌며 눈치만 살폈다. 아무 일도 없었다는 듯이 이발 기구를 정리하고 의자를 옮겼지만, 모든 신경은 그쪽을 향하고 있었다. 말릴 것도 없는 머리를 몇 번이고 닦더니 밖으로 나왔다.

벼를 베러 들판으로 나갔다. 소 닭 보듯 서로 눈길도 마주치지 않고 마을 고샅길을 걸었다. 길지 않는 그 길이 그날은 왜 그리 멀게만 느껴지는지. 잘 닦여진 들길을 걷는 동안 붙임성이 좋고 명랑하던 동생은 말없이 저만큼 뒤처져 따라왔다. 머리를 만지면서 따라오는 동생을 빨리 오라고 할 수도 없었다. 일하러 나가는 내내 동생의 눈에는 눈물이 그렁그렁했고, 애써 앞만 보고 걷는 내 발걸음도 한없이 무거웠다.

동생이 수학여행 가는 날이었다. 창이 달린 새마을 지도자용 초록색 모자를 쓰고 있었다. 쾌활하고 밝던 모습은 어디에도 없었다. 모자를 쿡 눌러쓰고 집을 나서는 모습을 나는 지켜보기만 했다. 그날 내 마음은 경주에 있는 동생에게 가 있었다. 동생이 가져온 수학여행 사진도 나는 몰래 보았다. 사진 속 동생은 혼자 모자를 쓰고 있었다. 그날 나는 왜 그랬을까.

어느새 그 동생도 이순耳順을 넘긴지 오래다. 검고 촘촘하던 머리카락도 이제는 서리 맞은 잡초처럼 듬성듬성 그 영역만 지킨다. 아쉬움이 더 남기 전에 이 말을 꼭 전하고 싶었다. 그때 참 많이 미안했다고. 까까머리만 보면 나는 그 일이 생각난다.

못난 아들

인기척에 깜짝 놀라 잠이 깼다. 불침번을 깨우듯 부르는 나지막한 목소리에 놀라 눈을 떴다. 불도 켜지 않은 캄캄한 밤에 큼지막한 얼굴이 나를 내려다보고 있었다. 아들이었다. 친구를 만나고 늦게 왔나 했더니 긴히 할 말이 있다는 것이었다. 회사에 관한 것이라고 한다. 순간 회사에 무슨 일이 생겼구나 싶은 불안감이 스쳤다.

30여 년 전 나는 국내 굴지의 회사 신입사원이었다. 어느 날 갑자기 그룹이 공중분해되었다. 잠시 갈 곳을 잃고 방황하던 때가 생각났다. 의논할 수 있는 상대가 없어 혼자 고민하다 결국 몸살을 앓아누웠던 적이 있다. 고열과 통증으로 움직이기조차 힘들었지만, 의논할 상대가 없었다. 하숙집 여주인의 보살핌으로 겨우 정신을 차렸지만 너무 몸이 아파 출근조차

하지 못했다. 혹시 그런 경우가 아닐까 하는 생각이 들었다.

아들은 누워 있는 내 팔을 붙잡고 놓지 않는다. 이런 적이 한 번도 없던 아들이라 뭔가 절박한 심정이구나 싶었다. 그러면서 다짜고짜 집밖으로 나가자고 한다. 비몽사몽간에 거실에서 하면 안 될까 하고 물었더니 엄마가 들으면 좋지 않다고 한다. 그 말에 주섬주섬 옷을 챙겨 입고 아파트 현관문을 나섰다. 엘리베이터를 타고 내려가는 동안 태연하게 거울을 바라봤지만, 온갖 상상에 머릿속은 빠르게 돌아갔다.

이때 아들이 슬며시 다가와 팔짱을 낀다. 늦은 시간에 아버지와 함께 술을 마시며 대화하는 것이 소원이었다고 말하며 환한 미소를 띤다. 순간 지금까지 상상했던 불안감이 눈 녹듯 사라진다. 아버지가 해준 말 중에서 '역지사지易地思之'라는 말이 가장 좋았다며 소곤거린다. 틈날 때마다 들려주었던 이야기를 들추면서 우리는 한없이 밤공기를 들이마셨다. 찬 기운이 남아 있는 밤공기는 시원했고, 밤하늘 별들은 한층 더 반짝였다. 대충대충 듣고 마는 것 같았는데 다 새겨들었구나 싶었다. 아파트 상가 근처에 왔을 때였다.

"아빠! 오늘 맛있는 것 좀 많이 사 주세요."

아! 내 아들이, 진정 아버지와 가까워지고 싶어 한다는 생각이 들었다.

아는 술집이 별로 없어 큰소리치는 아들을 따라 무작정 동사무소 쪽으로 올라갔다. 정적이 흐르는 골목에는 가로등 불빛만 졸고 있었다. 아들을 따라 새벽 3시에 밤길을 헤매고 다녔다. 아파트 쪽으로 되돌아 내려와 유일하게 인기척이 나는 호프집 문을 밀고 들어갔다. 호프집 여주인은 문을 막 닫으려 했다는 말을 하면서도 자리로 안내했다. 중간쯤 칸막이가 있는 벽 쪽에 자리 잡고 메뉴판을 펼쳤다. 아들에게 결정하라고 했다. 생맥주와 소시지볶음을 시키면 어떻겠냐고 해서 그렇게 하라고 했다. 하얀 거품이 힘차게 넘쳐나는 생맥주를 잔에 따르고 건배했다. 아들은 가족 이야기를 하면서 연방 즐거운 표정으로 너스레를 떨었다. 평소에 찬 음식인 맥주를 마시지 않았고, 지금은 한약을 먹고 있는 중이라 절대로 술을 마셔서는 안 되지만, 오늘은 아들이 원하는 대로 다 들어주고 싶었다.

아들은 드디어 하고픈 이야기를 시작했다. 지금 다니는 회사가 모 회사의 일감을 받지 못해 대량 해고가 예상된다며 이미 다른 회사에 합격해 두었다는 말을 덧붙였다. 최종 합격한 회사는 업무적으로 배울 것이 많고 유망한 분야지만, 급여가 조금 적다고 했다. 그러고는 어떻게 하는 것이 좋을지 판단이 안 선다고 하면서 내 생각을 물었다. 이야기를 다 듣고 나는 말했다. 가급적이면 지금 다니는 회사에 계속 다니고, 아주 불가능하면 그곳으로 가는 것이 좋겠다고 했다. 자주 옮기다 보면 실력을 쌓기도 어렵고 경력에도 도움이 되지 않기에 좀 더 알아보고 판단하라고 했다. 다시 빈 잔을 채우며 너무 초조해하지 말고 마음이 움직이는 대로 하라는 말도 잊지 않았다.

다가올 많은 도전에 대처하는 연습이 필요하다고도 했더니 아들은 갈수록 장남이라는 단어와 형이라는 말이 무겁게 느껴진다고 한다. 나는 말했다. 그것은 천륜이므로 어떻게 마음대로 바꿀 수가 없다고. 아들은 부모님께 자주 연락을 하라고 동생에게 이야기한다고도 한다.

아들의 얼굴을 바라보다가 옆을 힐끔 봤다. 맞은편 벽에 붙어 있는 디지털 시계의 붉은 숫자가 텅 빈 홀을 채우고 있었다. 시간이 지나자 아들도 점차 진정된 어조로 말을 이어갔다. 이렇게 부자간에 얼굴을 마주하고 숨소리를 들으며 대화하는 것을 아들은 무척 즐거워했다. 남은 소시지 한 점을 입에 넣고 다시 술잔을 채웠다. 시끄럽게 떠들던 건너편 여자 손님들이 나가자 주인은 가게를 정리한다. 시계를 보니 벌써 새벽 5시를 넘어선다. 아들이 잽싸게 계산대 앞으로 간다. 얇은 지갑을 열어 보이면서 얼마냐고 묻는다.

돌아와 자리에 누우니 만감이 교차한다. 어떻게 한밤중에 아버지를 깨워 술집으로 데려갈 생각을 했는지 아들이 참 대단하다는 생각이 들었다. 정작 나는 아버지와 대작하며 흉금을 털어놓고 이야기 한 번 제대로 한 적이 없었다. 내 아버지도 당신의 아들이 이렇게 해주기만 기다렸지 않았을까. 이런저런 생각에 몸을 뒤척이다 보니 창밖이 훤하게 밝아 온다.

대대리별곡

내가 태어난 마을은 고분군이었다. 둥실하게 뻗어 내린 구릉지는 수 세기 동안 무덤 천지였다. 크고 작은 무덤들이 넓은 들판 입구까지 이어졌다. 사람들은 봉분이 사라지고 숲이 우거진 그곳에 집을 짓고 마을을 이루었다. 그들은 땅속에 무엇이 있는지 몰랐다. 큰 무덤 몇 기가 있었지만, 여기가 어떤 곳인지, 고분의 주인이 누군지 알려고 하지도 않았다.

고분에 관해 알려진 것은 1990년대 초였다. 전설 같은 부족국가의 실체가 발굴단에 의해 밝혀졌다. 《삼국사기》에 나오는 강력한 부족국가였던 우시산국이었다. 무덤의 주인은 사로국에 의해 멸망한 우시산국의 귀족이 대부분이었다. 고분에서 출토된 삼한 시대의 토기들은 경주에서 발굴된 것보다 부족하지 않았다. 여러 박물관에 전시되고 있는 오리 모양의 토기

대부분이 여기서 나왔다는 말도 있다. 농기구와 무기는 물론이고 귀걸이를 비롯한 비췻빛 곡옥이나 수정 같은 장식품도 출토되었다. 수많은 유물 중에서도 군주를 상징하는 청동정靑銅鼎이 백미였다. 강력한 부족국가로 인정받게 된 세발솥은 국립중앙박물관 삼한실에 전시되었다.

도굴꾼은 훨씬 이전부터 찾아왔다. 일제강점기 때 일본인들이 인부들을 앞세우고 큰 무덤들을 파헤친 것이 시초였다. 나중에는 그 인부들이 밤낮으로 드나들며 우리 문중 산을 벌집 쑤시듯 파헤쳤다. 삶이 팍팍하던 때라 동네 어른들은 별 관심이 없었다. 몇몇 아이들만 그들 주위를 맴돌았다. 궁금한 게 많은 나는 만사 제쳐두고 그들을 따라다녔다. 땅속에 무엇이 있는지 알아채고 귀신같이 땅을 파는 도굴꾼이 신기했다. 도굴꾼은 언제나 까무잡잡한 얼굴에 남루한 복장이었다. 어떤 도굴꾼은 허기를 참지 못하고 우리 집에 내려와 보리밥 한 그릇을 얻어먹고 가기도 했다. 밥을 챙겨주던 어머니는 도리어 반찬이 없는 것을 미안해했다.

언제 생겼는지 알 수 없는 작은 길 하나가 마을을 지나간다. 길을 따라 뒷산을 넘으면 정족산 자락 운흥동천과 운흥사지에 닿고 앞산을 넘으면 진하 앞바다에 당도한다. 앞산과 뒷산 고갯마루에는 큰 돌무더기가 있다. 무덤같이 쌓인 돌을 보면 얼마나 많은 사람이 지나가며 소원을 빌었는지 짐작이 간다. 그들은 무엇을 기원하면서돌을 던졌을까. 1960년대까지만 해도,

농산물을 짊어진 장꾼들이 어둠을 뚫고 뒷산을 넘어와 동쪽으로 갔고, 해가 설핏해진 저녁 무렵이면 해산물을 지고 반대로 서쪽 뒷산을 넘어갔다.

그들만의 길은 아니었다. 어머니는 앞산을 넘어 시집을 왔다. 집안 형수나 아주머니들이 고갯마루를 넘어오면, 동네 누님이나 고모들은 반대로 산을 넘어 시집을 갔다. 그렇게 집안이 이루어졌고 다른 가문과 자식을 나누었다. 나도 그 길을 오가며 자랐다. 어머니를 따라 소를 몰고 산으로 가거나 지게를 지고 하루에 두 번씩 같은 길을 오르내릴 때도 있었다. 뻐꾸기 소리가 서러운 그 길을 걸으며 산꿩의 울음소리도 들었다.

뒷산에는 굿바위라는 큰 바위가 있다. 정월대보름마다 나는 형님을 따라 그곳에 갔다. 달이 뜨기를 기다렸다가 어디선가 연기가 오르면 점화봉에 불을 붙였다. 불은 삽시간에 달집을 태우며 검은 연기를 하늘로 내뿜었다. 그때 할머니와 어머니는 장독대에 정화수를 떠 놓고 달을 향해 가족의 안녕을 빌었다.

동네 앞 넓은 들을 지나면 큰 강이 있다. 여름방학이면 그곳에서 멱을 감았고 겨울 방학이면 나뭇짐을 지고 징검다리를 아슬아슬하게 건넜다. 물속에는 언제나 고기 떼가 헤엄쳤고 종달새는 알을 품느라 모래밭을 지켰다. 그 강은 어른들의 천렵과 화전놀이 터이기도 했다. 봄이 되면 아낙들은 옷을 곱게 차려입고 강가에 모여 진달래 꽃잎으로 화전을 부쳤다. 화전을 먹으며 노래하고 춤추는 순간만큼은 시집살이의 설움과 고된 삶을 날려 보내는 듯했다.

음력 7월에는 한 해 김매기를 마무리 짓는 호미걸이 행사가 있었다. 김을 매느라 까맣게 타버린 남정네들이 한가하게 강물에서 물고기를 잡는 천렵놀이다. 잡은 물고기로 강변에서 매운탕을 끓여 막걸리 잔을 주고받으며 이웃과 함께 한바탕 더위를 물리곤 했다. 지금은 천렵과 화전놀이를 하던 모래밭은 폐수처리장이 되었고 징검다리 자리에는 다리가 놓였다. 산이 잘려 나가고 공장들이 들어서면서 여러 고분과 아름답던 산길도 사라졌다. 그나마 하대 고분은 아직도 도로변을 지키고 있다.

대대리의 모내기는 하늘이 도와야 끝이 났다. 물이 넉넉하지 않은 해는 촌수도 나이도 없는 물싸움이 벌어졌다. 농사는 가족의 생명줄이라 양보할 수가 없었다. 갑자기 소낙비라도 쏟아지면 언제 그랬냐는 듯 마주보며 환하게 웃었다. 지금은 쟁기 대신 트랙터가 논을 갈고 사람 대신 이앙기가 모를 낸다. 못줄 넘기는 초성 좋은 소리가 들리지 않아도 때가 되면 모가 뿌리를 내리고 가을걷이를 한다.

삶의 전장 같던 마을이 차츰 적막에 휩싸인다. 살이 오른 하얀 감꽃이 연녹색 이파리 사이로 떨어지고, 밤꽃 향기가 동네를 덮어도 반기는 사람이 없다. 담 밑의 봉숭아는 사라지고 근본도 모르는 개망초가 빈집을 지킨다. 언젠가 다시 돌아갈 내 고향에는 기억 속의 사람들만 살고 있다.

그곳에는 아직도 산꿩이 울고 있을까

어머니에게 밭은 삶의 터전이었다. 날이 밝으면 습관적으로 밭에 나가 씨를 뿌리고 가꾸었다. 논일과 집안일로 가지 못하는 날에는 종일 불안해했다. 어디를 가도 어린 자식을 집에 두고 온 것처럼 마음은 늘 밭이 있는 산기슭에 머물러 있었다.

울산에 볼일이 있어 인근 시골집 어머니께 잠시 들렀다. 현관문을 열었지만, 인기척이 없다. "어머니" 하고 불렀더니 도우미 아주머니가 나와 어제부터 꼼짝 않고 누워 있다고 한다. 아주머니가 아들이 왔다고 큰소리로 말하자 실눈을 뜨고 허공으로 손을 내민다. 어머니의 손을 잡았다. 까칠해진 손에 열기가 돋았다. 이유를 물었더니 밭일하러 나갔다가 더위를 먹었다고 한다. 그러면서 내 손을 더 세게 잡는다.

그해 봄 어머니는 당뇨 때문에 기력이 떨어져 사경을 헤맨

적이 있다. 병원에서 퇴원한 지 얼마 되지도 않았는데 그 몸으로 밭풀을 맸던 것이다. 완쾌되지 않은 몸으로 무더위와 싸웠으니 탈진한 것이 당연했다. 괜히 울화가 치밀었다. 애써 키운 채소를 가져갈 자식도 없는데 땡볕에 뭐 하러 밭에 갔냐고 하려다 참았다.

밭일은 여럿이 함께하면 훨씬 효율적이다. 힘든 일은 장정이 하고 여자들과 아이들은 거름을 주거나 씨를 뿌리는 경우가 많다. 여러 가지 일을 동시에 진행하는 밭일은 두세 사람씩 조를 만들면 훨씬 능률적이다. 모종을 심을 때는 더 그렇다. 한 사람이 두세 포기씩 건네주고 다른 사람이 받아 심으면 몇 배로 빨리 끝난다. 씨를 뿌리기 위해 골을 만들거나 잡초를 뽑을 때도 마찬가지다.

아버지는 집에도 밭에도 없었다. 일손이 모자라는 농번기에도 양복을 깔끔하게 차려입고 아침마다 골목을 빠져나갔다. 시골에서는 보기 드문 진기한 현상이었다. 형제들은 아버지가 무슨 일을 하는지 정확히 몰랐다. 어머니는 밭일이 밀려도 싫은 내색을 하거나 짜증내지 않았다. 나와 동생들만 염소 몰듯 산기슭 밭으로 데리고 다녔다. 시험 기간도 예외는 없었다. 식구는 많아도 정작 일할 사람은 많지 않았다.

어머니가 가꾸는 밭에는 없는 게 없었다. 계획적으로 채소를 심는 것도 아니고 밭고랑을 곧게 만들지도 않았다. 삐뚤삐뚤한 이랑은 중간중간 끊어지기 일쑤였다. 무를 갈았다가 싹이 올라오지 않으면 배추를 심고 배추 모종이 죽으면 상추씨를 뿌렸다. 치마상추부터 조선상추에 이르기까지 종류별로 다 있었다. 가장 정성 들여 가꾸는 부추 옆에는 아버지가 좋아하는 울릉도 취나물을 심었다. 들깨와 참깨도 조금씩 심었고 결명자가 중간에 자라나도 뽑아내지 않았다. 그 밭에는 특별히 자랑할 만한 것이 없었지만 시골 빛 채색菜色은 다 있었다. 매년 여름이면 도라지꽃이 밭 한쪽을 쌈지 정원으로 만드는 어머니의 밭은 꽃밭이었다.

어머니에게 채소는 평등한 존재였다. 심었든 저절로 났든 잡초가 아니면 버리지 않았다. 거름 속에 묻어간 수박이나 참외 씨가 싹을 틔워도 비료와 거름을 정성껏 나누어 주었다. 수십 종의 채소가 자라고 있었지만, 어머니는 어디에 무엇이 있는지 정확히 알고 있었다. 밭에서 자라는 채소를 자식 대하듯 했다.

어느 해 봄 어머니를 따라 밭에 갔다. 들깨 모종을 챙겨 뒷산 새밭으로 갔다. 모종을 심던 어머니가 갑자기 혼잣말을 시작했다. 순간 내가 무슨 잘못을 했나 싶어 하던 일을 멈추고 일어섰다. 한참 후에야 어머니의 넋두리라는 것을 알았다. 시간이 지나자 넋두리가 잔잔한 흐느낌으로 변했다. 햇살이 뜨거운 산비탈에는 가끔 산꿩의 울음소리만 들렸다. 어머니가 눈물을 흘린다는 느낌이 들었지만 나는 하던 일을 계속했다. 그냥 한 번에 두 포기씩 깨 모종만 건넸다. 그날따라 해가 서산에 걸릴 때까지 꿩 소리가 잦아들지 않았다.

어머니는 말이 없는 편이었다. 엄한 시부모와 시동생, 어린 시누이의 수발은 쉽지 않았다. 대가족 뒷바라지에 전념하느라 말할 틈이 없었다. 어린 자식들도 젖 먹일 때만 잠시 안았다. 새벽부터 밤까지 이어지는 집일과 밭일에 떠밀려 점차 말을 잃어갔다. 밭은 단순한 채소밭이 아니었다. 홀로 머물 수 있는 해방구였고, 못다 한 말을 뱉을 수 있는 공간이었다. 채소는 어떤 토도 달지 않고 어머니의 말을 들어 주었다. 누구도 그 대화에 끼어들 수가 없을 정도로 진지했다.

나를 왜 데려 갔을까. 어머니만의 세상을 아들에게 보여주고 싶었을까. 산꿩이 울던 그 밭은 오래전 사라졌지만, 기억 속의 어머니는 아직도 그곳에서 풀을 뽑고 계신다. 그때 그 모습으로.

할아버지의 가을 산행

어느 늦가을 해 질 무렵이었다. 나는 앞산으로 할아버지 마중을 갔다. 해마다 이때만 되면 할아버지는 도시락을 준비해 뫼가 많은 앞산으로 가셨다.

내가 갓 중학생이 되었을 때다. 어머니는 학교 갔다 온 나에게 할아버지 마중을 가라고 했다. 이미 해는 서산을 향해 빠르게 활공하고 저녁노을이 붉게 물들어 갔다. 나는 고삐 풀린 망아지처럼 들길을 뛰었다. 조금이라도 많이 가서 할아버지의 짐을 받고 싶었다. 추수가 끝난 황량한 들판이 스치듯 지나갔다.

넓은 들을 지나 강어귀까지 갔지만, 할아버지는 보이지 않았다. 강물이 맑고 투명한 강가에는 하얀 억새꽃이 바람에 흔들리고 있었다. 강가에서 잠시 서성대는 동안 골짜기를 타고 내려온 산 그림자가 순식간에 어둠속으로 몰아넣었다. 나는 산을 향해 몇 번이고 큰 소리로 할아버지를 불렀지만, 아무런 대답이 없었다. 애타게 부르는 소리가 메아리마저 삼켜버렸다.

불안한 마음에 강을 건너기로 했다. 드문드문 놓인 징검다리를 건너자 큰 산이 앞을 가로막았다. 장꾼들이 주로 다니는 오래된 산길을 따라 올라갔다. 고갯길을 가다 보면 갈참나무 숲 속에 많은 사람이 쉴 수 있는 너럭바위와 조그만 옹달샘이 있었다. 장꾼들도 나무꾼도 이 길을 지나는 사람이면 누구나 여기서 쉬어가는 곳이었다. 조금 더 올라가면 탁 트인 동해가 보이고 큰 돌무지가 나오는 팔부능선이었다. 고개를 넘는 사람들은 돌과 돈을 그곳에 던지며 소원을 빌었다. 농산물과 해산물을 이고 진 장꾼들은 이 고갯길에서 무엇을 기원했을까 싶었다.

가을 햇살에 노랗게 물든 싸리나무 잎이 가랑잎으로 변하면 산머루와 다래 냄새도 바람에 실려 어디론가 사라졌다. 여름 내내 무성하던 이파리가 떨어진 나무들은 몸피를 드러냈다. 해마다 이맘때가 되면 앞산은 겨울을 준비했다. 수없이 다닌 길이지만 어둠을 뚫고 올라간 적은 없었다. 조금만 더 가면 할아버지를 만날 수 있을 거라 생각하고 앞만 보고 뛰었다. 몇 걸음 올라갈 때마다 할아버지를 불렀으나 대답이 없었다. 한참 올라가자 몇 미터 앞에서 인기척이 났다. 얼른 짐을 받겠다는 마음에 뛰어갔지만, 할아버지가 아니었다. 산골짝 논일을 마치고 내려오는 옆 동네 아저씨였다.

온양 고개를 향해 정신없이 오르다 보니 어른들도 무서워하는 가마바위가 나타났다. 반대편 동해에서 불어오는 바람은 시원했지만, 인적 없는 산속에는 정적만 흘렀다. 더 높은 산봉우리를 향해 큰 소리로 불렀지만, 돌아오는 것은 작은 메아리뿐이었다. 그냥 내려갈 건지 아니면 더 올라갈 건지 갈등이 생겼다. 소 먹이러 몇 번 가 본 적이 있는 높은 산봉우리를 향해 달렸다. 공동묘지를 통과하면서 온몸이 땀에 젖었지만, 혹시 할아버지에게 무슨 일이 생겼을지도 모른다는 생각에 정신없이 올라갔다. 갑자기 길이 사라졌다. 정신을 차려보니 낮에도 잘 올 수 없는 산 정상에 서 있었다. 십 리 산길을 혼자서 밤중에 올라온 것이었다.

갑자기 겁이 덜컥 났다. 뭔가 잘못되었다 싶었다. 아무 생각이 없었다. 반쯤 울음 섞인 목소리로 할아버지를 나직하게 부르면서 왔던 길을 다시 뛰었다. 그때였다. 갑자기 눈앞에서 검은 물체가 불쑥 나타났다. 나는 너무 놀라 뒤로 넘어질 뻔했다. 고라니였다. 나도 놀랐지만, 고라니도 얼마나 놀랐는지 잽싸게 숲 속으로 달아났다. 놀란 가슴이 진정되기도 전에 내 얼굴을 향해 뭔가가 후다닥 튀어 올랐다. 산꿩이었다. 얼마나 놀랐는지 제대로 날지도 못했다. 나는 반쯤 혼이 빠진 상태로 산 아래쪽을 향해 그냥 뛰었다. 청미래 덩굴에 긁힌 다리에서 피가 났지만 긁힌 줄도 아픈 줄도 몰랐다.

그렇게 한참을 내려오니 멀리 징검다리가 보였다. 누군가가 나를 부르는 소리가 희미하게 들렸다. 할아버지였다. 나는 잘 보이지도 않는 징검다리를 단숨에 건넜다. 할아버지는 나를 부르고 나는 할아버지를 부르면서 점차 거리를 좁혀갔다. 길이 어긋나 만나지 못한 할아버지는 집에 갔다가 다시 나오신 것이었다. 손자가 마중 나갔다는 말을 듣고 바로 이곳까지 오신 것이었다. 칠순을 훌쩍 넘긴 할아버지의 목소리는 떨리고 있었다. 나도 터져 나오는 울음을 꾹꾹 누르면서 태연한 척했다.

할아버지와 나는 풀벌레들의 합창 소리를 들으며 말없이 들길을 걸었다. 흠뻑 젖은 땀 냄새를 맡으며 걷고 있는 밤길에는 귀뚜라미 소리가 가득했다. 그제야 밤하늘의 별자리도 하얗게 흘러가는 은하수도 보였다. 가쁜 숨도 점차 느려져 갔다.

해마다 이맘때가 되면 할아버지는 혼자서 산으로 가셨다. 가을단풍이 낙엽이 되는 것을 보며 한 해가 갔다는 것을 확인하고, 산골짜기마다 널브러진 묏등 친구들과의 추억을 회상하러 가셨지 않을까 싶었다. 같은 마을에서 태어나 한평생 이웃으로 살았던 친구들이 칠순을 넘기면서 하나둘 이곳에 왔다. 여기에 오면 지난날의 사연들이 다가왔을 것이다.

몇 해 전, 할아버지는 동네가 보이는 산 중턱에 플라타너스 묘목 한 그루를 심었다. 눈이 쌓이지 않는 양지바른 곳이라 하셨다. 늦가을 나무들이 겨울을 준비하듯 할아버지도 그렇게 다음 인생을 준비하셨을까. 반세기도 훨씬 더 지난 기억이다.

성주城主

침묵이 흘렀다. 작은 숨소리도 들리지 않았다. 가끔 아삭거리던 김치 씹는 소리마저 그 순간은 숨을 죽였다. 열 식구가 밥을 먹고 있었지만 누구 하나 입을 열거나 수저가 그릇에 부딪치는 소리도 내지 않았다. 할아버지와 겸상을 하고 있던 할머니는 그냥 수저만 들고 있었다. 그날 아침은 마치 최후의 만찬 같았다.

할아버지가 가장인 우리 집은 기름지고 넓은 들을 끼고 있는 배산임수의 아담한 마을에서 대대로 살았다. 집성촌을 이룰 정도의 오랜 세월이었다. 한동안 잠잠하던 집안에 파도가 일기 시작하더니 금세 태풍으로 변했다. 사나운 파도의 위력은 대단했다. 할아버지는 사력을 다해 맞섰지만, 쓰나미처럼 밀려오는 거대한 파도를 더는 감당할 수가 없었다. 겨우 한 고비를 넘기면 다른 파도가 밀려오고 그것을 넘기기도 전에 또 다른 파도가 밀려왔다. 한국 전쟁이 끝난 지 얼마 되지 않은 무렵이라 보릿고개가 해마다 찾아오던 때였다. 가난한 마을에는 아직도 전쟁의 상흔이 곳곳에 남아 있었다. 할아버지는 거센 풍랑을 누구보다 잘 막았지만, 세찬 파도에 몸도 마음도 지쳐 있었다. 추진력을 잃은 배가 삼각파도를 만나자 배를 포기하려 했다.

장남이었던 할아버지는 큰 재산을 물려받지 못했다. 어렵게 마련한 전답도 오래 지키지 못했다. 가족이 늘어나면서 등짐만 커져갔다. 부지런함 때문에 한동안 부자 소리도 들었지만, 그 기간은 길지 않았다. 언제부턴가 배는 앞으로 나아가지 못했다. 한동안 제자리를 뱅뱅 돌다가 급기야 침몰하고 있었다.

할아버지는 고향을 떠야 한다고 했다. 논과 밭은 물론이고 살고 있는 집을 정리하고 이사를 가면 끼니 걱정은 안 해도 된다고 했다. 우물쭈물하다가는 어린 손자들이 굶을 수도 있다고 생각했던 것이다. 밥때만 되면 사지가 멀쩡한 거지는 물론 깡통도 없이 맨몸으로 찾아오는 거지도 있고, 때로는 젖먹이를 안고 온 가족이 올 때도 있었다. 이들도 처음부터 거지가 된 것은 아니었다. 식구들은 외로운 가장의 마지막 고별사를 듣고 있었다. 해마다 줄어드는 살림을 더 이상 유지할 수가 없어 내린 결단이었다. 방 안 분위기가 순식간에 얼어붙었다.

이사하려는 동네는 배미각단이었다. 나는 그곳이 어떤 곳인지 몰랐다. 처음 듣는 이름이지만 어감이 좋지 않았다. 뱀이 많은 산기슭에 겨우 몇 집이 띄엄띄엄 흩어져 있는 그곳의 땅값은 이곳의 반도 안 된다고 했다. 오랫동안 생각하고 고민하셨는지 목소리에 비장함마저 깃들어 있었다.

나는 덜컥 겁이 났다. 초등학교 들어간 지 얼마 되지도 않았는데 뱀이 우글거린다는 동네로 간다는 말에 깜짝 놀랐다. 먼저 어머니의 표정을 살폈다. 아무 표정 없이 듣고만 있었다. 형님들도 누나도 그냥 밥 먹는 시늉만 하고 있었다. 친구들도 없는 그곳으로 간다고 생각하니 모래를 씹는 기분이었다. 항변하고 싶었지만 그럴 분위기가 아니었다. 그때만 해도 할아버지의 말은 법이었다.

이사를 한다는 말을 듣자 강원도에서 온 친구가 생각났다. 덩치는 컸지만 동네 아이들과 잘 어울리지도 못하고 늘 기가 죽어있었다. 산골에서 약초를 많이 캤다는 그 친구는 아이들의 놀림에 시달렸다. 처음에는 달려들어 싸우더니 점차 그 분위기를 피해 혼자 보내는 시간이 많아졌다. 강에서 자갈을 채취하는 아버지를 따라 여기까지 온 것이었다. 어느 해인가 큰 홍수가 났다. 늦여름이라 강바닥에 움막을 짓고 살던 많은 사람이 미처 홍수를 피하지 못하고 강물에 떠내려갔다. 대부분 시신도 찾지 못했다. 홍수에 아버지를 잃은 그 친구는 동네 사람들의 무관심 속에 어디론가 떠나갔다.

"나는 안 간다."

그때 낮은 목소리가 들렸다. 떨리는 목소리에는 촉촉함이 묻어 있었다. 밥을 한술도 뜨지 않고 할아버지의 말을 듣고 있던 할머니였다. 나는 죽어도 이 집을 떠날 수가 없다며 반발하는 할머니의 목소리는 단호했다. 할아버지를 향한 할머니의 눈길은 설움과 서운함으로 눈물이 가득 고여 있었다. 어쩌면 반발이 아니라 애원하는 듯했다. 나는 천군만마를 얻은 것 같았다. 제발 할아버지가 번복해주기를 마음속으로 기도했다.

나는 할머니의 그런 모습을 한 번도 본 적이 없었다. 어조도 처음이었다. 여자의 삼종지도를 숙명처럼 여기고 살아온 할머니가 할아버지의 카리스마에 눌려 큰 소리 한 번 내지 않았지만, 그날은 달랐다. 결정적일 때 한 방 날리신 것이었다. 갑작스런 반격에 할아버지도 주춤했다. 가족의 숨소리도 세상의 시간도 멎는 듯했다. 쿵쾅거리는 심장 소리만 귓전을 울렸다. 파란 핏줄이 드러나 보이는 할머니의 앙상한 손가락 마디는 신이 내린 듯 떨리고 있었다. 모두가 할아버지의 반응을 살폈다. 불같이 화를 낼 줄 알았지만 아니었다. 그냥 조용히 수저질만 계속하셨다.

어쩌면 할머니의 의견이 반영될 수도 있겠다는 생각이 들었다. 하루 이틀 시간이 흘렀다. 이사한다는 말은 다시 나오지 않았다. 누구도 그 말을 입에 담지도 않았다. 할머니는 왜 기울어져 가는 기둥을 그렇게 붙잡으려 했을까. 시집오자마자 할아버지와 함께 지은 집이라 그랬을까. 해마다 장독대에 봉숭

아를 심고 담을 따라 맨드라미와 나리꽃을 세웠던 시간이 아까워서일까. 꽃들이 피어나는 그 집이 할머니에게는 작은 성이었다. 할머니는 그날 이후로 바깥출입을 거의 삼가하고 하루에도 몇 번씩 방과 마루를 쓸고 닦았다.

학교에 갔다 오면 집은 절간처럼 조용했다. 농촌이라 낮에는 대부분 집이 비어 있었지만, 우리 집은 아니었다. 할머니는 혼자서 큰채에 그냥 앉아 계셨다. 곱게 빗어 넘긴 하얀 쪽머리에는 언제나 은비녀가 단정하게 꽂혀 있었고, 한쪽 무릎을 세우고 앉은 손에는 염주가 들려 있었다. 가끔은 눈을 감고 조는 듯 그냥 앉아 있었다. 눈을 감고 무슨 생각을 하고 있었을까. 먼저 간 자식들을 생각했을까. 아니면 지난날을 떠올리며 업경을 들여다보고 있었을까. 식음을 전폐하면서까지 지킨 그 집의 성주가 된 할머니는 어느 날 조용히 눈을 감으셨다.

지금은 할머니도 그 집도 없다. 기와집 대신 아담한 조립식 건물이 대문을 바라보고 앉아 있다. 철 따라 함박과 국화꽃이 피어나는 마당에 들어서면 할머니의 모습이 보인다.

하얀 손수건

그날은 떠나기 위해 모였다. 잠시 머물렀던 둥지를 떠나 또 다른 곳으로 떠나는 날이었다. 내가 다른 둥지를 찾아가듯이 누군가는 이곳으로 또 모여든다. 나는 이같이 모이고 헤어지는 졸업식을 여러 번 거쳤다. 그중에서도 중학교 졸업식이 가끔 생각난다.

이날도 여느 졸업식과 마찬가지로 강당에서 이루어졌다. 강당이라야 교실 몇 개를 터서 임시로 만든 좁은 공간이었다. 후배들이 수업도 제대로 하지 못하고 만든 공간이었다. 그날은 정든 교정과 선생님 곁을 떠나는 날이라 모두가 단정한 복장으로 학교에 갔다. 중학교 교복을 마지막으로 입는 날이었다.

졸업식은 생각보다 조용하게 시작되었다. 다소 지루한 교장 선생님의 식사와 내빈들의 축사가 끝나자 시상식이 있었다. 재학생의 송사와 졸업생의 답사가 이어지면서 분위기는 점차 숙연해졌다. 시간이 흐르자 여학생들은 고개를 숙였고 울음을 삼키느라 하얀 손수건을 꼭 쥐고 있었다. 마지막으로 모두가 일어나 부르는 졸업식 노래는 남학생들의 목소리만 들렸다.

공식적인 행사가 끝나자 담임 선생님은 반 친구들을 따로 모았다. 상장과 졸업장을 전달하고 동창회 선물도 나눠 주었다. 선생님은 함께 공부한 것도 좋은 인연이니 계속 이어갔으면 좋겠다는 말씀을 하셨다. 나는 선생님이 하시는 긴 말씀이 잘 들리지 않았다. 지난 며칠 동안 친구들과 밤새워 놀았던 일만 자꾸 생각났다.

졸업식을 한참 앞두고 진학이 결정되었다. 오랜 갈등이 사라졌다는 해방감에 젖어 그냥 어디든지 가고 싶었다. 추운 겨울 해 질 무렵 아무도 찾지 않는 조그만 절을 향했다. 나뭇가지에 걸려있는 붉은 해가 지기도 전에 산 그림자가 이미 내 곁에 와 있었다. 앙상한 나뭇가지의 울음소리가 계곡을 흐르는 물소리를 잠재웠다. 아니 차가운 얼음 속으로 숨어버린 것 같았다. 코끝이 발갛게 물들어 가고 손발이 시려도 마음은 시원하고 기분은 상쾌했다. 산은 언제나 나를 포근하게 대했다. 나는 그런 산이 좋고 풍경 소리가 좋고 향냄새가 좋았다.

코밑이 검게 변해가는 친구들은 여학생들과 밤을 새웠다. 지금까지 하지 못한 이야기를 시간 가는 줄 모르고 늘어놓았다. 여태까지 같은 반에서 공부했지만 제대로 말 한번 건네 본 적이 없는 친구가 더 많았다. 매일 같은 길을 다녀도 애써 외면했다. 그때는 여학생들과 말을 하면 큰일 나는 줄 알았다. 따지고 보면 이래저래 다 친척이었지만 서로 부끄러워했다. 어쩌다 동네에서 만나면 다 큰 처녀처럼 보이기도 했다.

하루는 친구들과 상업고등학교에 수석 입학한 같은 반 여학생 집에 놀러 갔다. 부모님께 인사하고 조금 머뭇거리다가 방으로 들어갔다. 잘 놀다 가라하며 고구마와 홍시를 내주었다. 난생처음 다른 동네 여학생 집에서 놀았다. 남학생들은 대부분 도시에 있는 학교로 가지만 여학생들은 중학교 바로 옆에 있는 상업학교로 갔다. 친구들은 도시로 떠나는 우리를 부러워했다.

이야기하다 보니 자연스럽게 졸업식 이야기가 나왔다. 나는 농담으로 송사와 답사를 듣다 보면 눈물이 날지도 모르겠다고 했다. 그 말을 들은 한 여학생이 눈물을 닦을 수 있는 손수건을 선물하겠다고 했다. 이별을 상징하는 손수건을 선물하겠다는 말에 모두가 웃었다.

졸업식 날이 다가올수록 들뜬 기분이 조금씩 가라앉았다. 친한 친구들은 인문계로 가는데 혼자만 공고 기계과에 원서를 냈기 때문이었다. 내가 공고에 간다고 했을 때 담임 선생님은 말렸다. 인문계 고등학교에 가서 대학에 가라고 하셨다. 다른 선생님도 그렇게 말씀하셨다. 그러나 나는 공업고등학교에 가는 것을 굽히지 않았다. 열심히 공부하면 대학도 갈 수 있다는 확신을 가지고 있었다. 집안을 일으켜 세워야 한다는 생각뿐 어떤 말도 귀에 들어오지 않았다.

어느 날 집에서 공부하고 있는 나를 부르는 소리가 들렸다. 원서 마감을 며칠 앞두고 담임 선생님이 찾아오신 것이었다. 선생님은 아버지를 만나 진학할 학교를 바꾸려고 오셨다고 했다. 나는 아버지가 출타중이라고 했다. 선생님은 다시 한 번 생각해보라고 하시면서 가셨다. 나는 오기로 절대 흔들리지 않겠다고 다짐하면서도 가슴 한쪽에서는 꿈이 무너지는 소리가 들렸다. 선생님의 비틀거리는 자전거가 좁은 골목을 돌아 나가기도 전에 눈앞이 뿌옇게 변했다.

졸업식 행사가 완전히 끝이 났다. 복잡한 운동장을 걸어 나가던 나를 부르는 소리가 들렸다. 뒤를 돌아보니 그때 그 여학생이 뛰어오면서 나를 불렀다. 짙은 군청색 교복 치마가 펄럭이고 단정한 윗도리 달린 하얀 리본이 심하게 흔들렸다. 나는 걸음을 멈추고 그쪽을 향해 서 있었다. 얼굴이 발갛게 상기된 여학생은 뭔가를 전해주고 눈도 마주치지 않고 그냥 뛰어갔다. 고맙다는 말도 못 하고 어물거리는 사이 그 여학생은 북적이는 사람들 사이로 사라졌다.

나는 아무 말도 못 하고 그냥 서 있었다. 이날 나는 이성으로부터 첫 선물을 받았다. 한동안 펄럭이는 심장을 진정시키고 살포시 펼쳐 보았다. 하얀 백지에 고이 포장된 것은 하얀 손수건이었다. 새하얀 천으로 만든 손수건이었다. 그 손수건을 보는 순간 심장이 멎는 것 같았다. 손수건 한쪽 구석에는 빨간 꽃 두 송이와 초록 이파리가 수놓아져 있었다.

그 이후에도 우리는 가끔 편지로 서로의 근황을 물었다. 서로 처지가 비슷했던 터라 제법 많은 편지를 주고받았지만, 그저 겉도는 이야기만 했다. 서로 격려하면서 힘을 보태기는 했지만 정작 하고픈 말은 하지 못했다.

강산이 다섯 번도 더 바뀔 정도로 세월이 지났지만, 가슴 설레며 손수건을 받았던 그 졸업식이 가끔 생각난다. 열일곱 하얀 마음을 수놓았던 손수건 꽃무늬가 날이 갈수록 더 선명해진다.

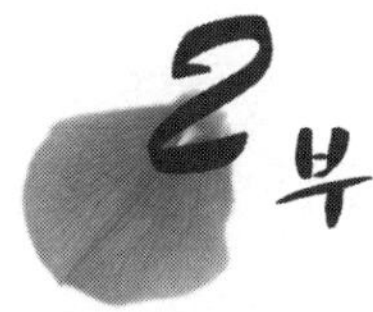

2부

모탕

땅바닥에 누워 있다. 상처를 움켜쥐고 혼자 뒹군 듯 미동도 없다. 셀 수 없는 도끼질에 정신을 잃었는지 일어날 기력조차 없어 보인다. 상처뿐인 육신은 형체를 알아볼 수 없을 정도로 망가졌지만 누구 하나 눈길조차 주지 않는다.

모탕은 나무를 패거나 자를 때 밑에 받쳐 놓는 나무토막이다. 도끼날과 톱날을 보호하고 작업 능률을 높이는 튼튼한 받침대이다. 일단 모탕이 되면 수많은 도끼질을 감내해야 하고 만신창이가 될 때까지 굴레를 벗지 못한다. 얼마나 고통스럽고 험한 길인지도 모른 채 바닥에 누워 까닭 없이 살점을 뜯어내는 도끼 세례부터 받는다. 한두 번 몸을 비틀어 피해 보지만 힘이 빠지면 순순히 온몸을 내어놓는다. 그렇게 될 줄 알았으면 자신을 불태워 재가 되는 장작의 길을 택했을 것이다. 고통의 길인 줄 미리 알았다면 누가 그 길을 따라가겠는가.

한배에서 태어나도 가는 길은 다르다. 좋은 환경 속에서 곧게 자란 나무는 전각의 기둥이 되어 귀한 대접을 받지만, 척박한 땅과 돌 틈에서 비틀거리며 자란 나무는 군불용 장작도 될 수가 없다. 아무리 좋은 씨앗이라도 환경이 받쳐주지 않으면 정상적으로 성장할 수가 없다. 단단하고 당차게 하늘을 향해 뻗어가고 싶지만, 바위가 뿌리를 막고 비바람이 가지를 비틀면 목숨을 유지하기도 어렵다. 살기 위해 어디든 발을 뻗다 보니 모양에 신경 쓸 겨를이 없었다. 겨우 살아남았지만 내세울 것 없는 모탕이 되었다. 미꾸라지는 용이 될 수 없고 개천에서 용이 나오지도 않았다.

모탕은 소나무 밑동이나 구불구불한 밤나무가 제격이다. 비틀어져도 나무토막을 잡아주고 힘차게 내려치는 도끼날이 튀지 않게 감싸주면 된다. 목재도 장작도 될 수 없는 등걸이나 옹이가 많은 나무라도 아무 문제가 없다. 이런 나무가 흔들림도 적고 도끼날의 충격도 잘 흡수해 장작 패기에 편하다. 한번 받침대가 되면 장작을 패지 않는 날이나 눈비가 오는 날에도 땅바닥을 지키고 도끼날에 찍힌 몸통이 개미허리처럼 가늘어져도 나무토막을 받는다.

운명을 피할 수는 없다. 살다 보면 원치 않는 일들이 숙명처럼 다가온다. 피할 수 없으면 즐기라는 말도 있지만, 자신의 몸을 송두리째 내어주는 일이 어디 말처럼 쉬운가. 차마고도의 험난한 길을 가는 당나귀와 콧물마저 받아 마시며 사막을 가야 하는 낙타도 좋아서 하는 일은 아니다. 가지 않으면 안 되는 길이기에 갈 수밖에 없다. 강제 소집돼 전쟁터에 끌려가는 총알받이 학도병처럼 설사 가다가 죽는다 해도 가야만 할 때가 있다.

장작도 매 맞을 순서를 기다리는 신병처럼 불안하다. 날 선 도끼가 높이 올라가면 그 충격이 얼마나 큰지 알고 있는 모탕은 두 눈을 감는다. 도끼날이 자신의 등에 꽂힐 때마다 살점이 뜯겨나갔다.

도끼는 나무토막의 혈을 찾아 내려친다. 도끼날이 정확히 맥을 찾아 들어가야 반으로 쪼개진다. 나무에 결이 없으면 잘 쪼개지지 않는다. 결이 선명한 참나무는 도끼날이 닿기만 해도 쫙 갈라지며 떡살 같은 목질을 드러낸다. 장작을 패다 보면 결이 분명하지 않은 나무가 더 많다. 비틀어지거나 옹이가 많은 소나무 밑동은 장작을 만들기도 어렵다. 도끼도 모탕도 힘이 든다.

자루를 잡는 것만 봐도 도끼질 수준을 짐작한다. 숙련된 작업자는 가볍게 자루를 잡고 중력을 이용해 내려친다. 복싱선수가 어깨 힘을 빼고 가볍게 툭툭 던지는 잽처럼 최대한 힘을 빼야 도끼날에 가속도가 붙는다. 힘만 믿고 덤비다가는 믿는 도끼에 발등을 찍힐 수도 있다. 어쩌다 나무토막을 맞힌다 해도 장작이 아닌 나무 부스러기를 만들고 모탕을 찍는다.

모탕도 처음부터 고분고분했던 것은 아니다. 처음 몇 번은 몸을 요리조리 피했다. 빗맞은 나무토막이 튀어 오르면 도끼는 땅에 박혔다. 통쾌했다. 어쩌면 이 자리를 모면할 수도 있겠구나 싶었다. 아니었다. 바로 꺾쇠나 말뚝으로 땅에 묶였다. 억울함에 몸을 떨었지만, 세월이 적응하게 했다. 도끼날에 찍힌 등이 움푹 파이면 모탕도 나무토막도 움직이지 않았다.

나는 중학생이 되면서 도낏자루를 잡았다. 겨울 방학만 되면 하얀 입김을 내뿜으며 새벽부터 톱질하고 장작을 팼다. 동생들이 일정한 길이로 잘라 주면 나는 장작을 팼다. 도끼질도 힘들지만, 전신 근육을 다 사용하는 톱질도 만만치 않았다. 톱질과 도끼질하면서 손가락뼈가 보일 정도로 다친 적도 있다. 상비약이 별로 없던 시절이라 송진을 발라 피를 멈추게 하고 화롯불에 손가락을 쪼이면서 상처가 아물기를 기다렸다. 추운 겨울 새벽마다 장작을 패는 일은 기를 모아 자신을 단련하는 수련이었다.

장작을 패는 일이 힘든 것만은 아니었다. 등걸과 통나무가 속살을 드러내며 쪼개질 때마다 쾌감을 느꼈다. 맥을 잘 짚어 한 번에 통나무가 쩍 갈라지면 마치 대어를 낚은 것같이 손맛이 좋았다. 무엇이든 다 할 수 있는 장골이 된 것 같았다.

부모는 언제나 자식을 먼저 생각한다. 때로는 자신의 존재감마저 상실한 채 자식에게 모든 것을 내준다. 거센 도끼질을 받아내는 모탕처럼 등이 굽고 뼈마디가 다 닳아도 자신만을

탓한다. 그것이 부모의 삶이다. 아버지가 힘든 것을 아는 아들은 드물다. 설사 안다고 해도 그저 지나가는 빈말처럼 들린다. 어찌 겪어보지 않고 질곡의 세월을 이해한단 말인가. 자신이 부모가 되지 않는 한 그 희생을 알 수가 없다.

장작더미가 높아 갈수록 모탕은 작아져 갔다. 장작가리가 가지런히 쌓여 가면 도끼질당한 모탕은 숨소리마저 잦아든다. 온몸으로 장작을 만들 때는 누구도 관심을 보이지 않다가 문제만 생기면 모든 원망을 감수해야 한다. 도끼날에 가슴이 움푹 파여도 자식들의 뒷바라지를 내세우지 않는 부모처럼 장작을 먼저 생각한다.

도끼를 받아낼 힘이 없는 모탕이 마당 한구석에서 조용히 썩어간다. 활활 타오르는 장작불의 열기가 하늘 높이 오른다.

곡비哭婢

가마솥에 윤슬이 보인다. 희미한 등불에도 잔물결이 반짝인다. 열기가 소용돌이치면 무쇠솥은 소리 없이 눈물부터 흘린다. 때로는 큰소리로 울부짖지만 불길이 멈추면 언제 그랬냐는 듯 조용해진다. 긴 세월 하루도 거르지 않고 어머니는 눈물을 닦아주며 다독거렸다.

처음부터 까만 솥이었던 것은 아니다. 뜨거운 불길을 참지 못하고 흘러나온 쇳물은 황토색이었다. 섬광을 번쩍이며 세상에 나타난 맑고 고운 쇳물은 숨 쉴 틈도 없이 모래 속으로 흘러들었다. 멋모르고 들어간 어둡고 숨 막히는 거푸집 속에서 몸부림쳤지만 절규의 목소리는 전해지지 않았다. 움직일 수 없는 좁은 공간에서 잠시 꿈틀거리다 등신불처럼 무쇠는 솥이 되었다.

솥은 군주를 나타내는 상징물이었다. 전쟁을 할 때도 솥은 반드시 가지고 다녔다. 밥을 제대로 먹지 못하면 병사들이 제 기량을 발휘할 수 없기 때문이다. 백성들이 배불리 먹을 수 있는 세상을 만드는 것이 왕의 가장 큰 덕목이다. 의식주 중에서도 먹는 것이 단연 우선이다. 예나 지금이나 먹고사는 것이 제일 중요하다. 이념도 좋고 정책도 좋지만 먹고사는 문제가 해결되지 않으면 소용이 없다. 열심히 공부하고 일하는 것도 잘 먹고 잘 살기 위함이다. 사흘 굶으면 담을 넘지 않는 자가 없다는 옛말이 있다. 살기 힘들면 죽음을 각오하고 국경도 넘는다. 총알이 빗발치는 피난길에도 솥을 지고 가는 것은 생명줄이기 때문이다.

시골집 부엌에 큰 가마솥이 있었다. 언제나 참기름을 바른 것처럼 반질거렸다. 부뚜막 가운데 자리 잡은 큰 솥은 늘 작은 솥을 곁에 두고 있었다. 장정이 대부분인 대식구의 가마솥 뚜껑은 마음대로 열고 닫을 수 없을 정도로 컸다. 손이 귀한 집안이라 할아버지는 자손의 번창을 바라며 큰 솥을 준비했다. 여러 고택을 다녀 봐도 우리 집 무쇠솥보다 큰 가마솥은 본 적이 없다.

솥의 종류는 다양하다. 지역에 따라 크기와 형태는 다르지만 용도는 한가지다. 대가족이 농사를 짓던 농촌에서는 한 번에 많은 밥을 짓는 가마솥이 필요했다. 일찍부터 농경을 중심으로 정착생활을 하던 우리의 부엌은 모닥불로 물을 끓이는 유목민들과는 달랐다. 유목민들의 뚜껑 없는 청동솥은 밥을 짓는 것이 아니라 물을 끓이고 고기를 삶는 솥이었다. 우리나라에도 가장 먼저 등장한 솥은 가마솥이 아니라 기마민족이 사용하던 청동솥이었다. 국립중앙박물관 삼한 시대 유물관 중앙에 세발 청동정鼎이 자리 잡고 있는 것도 그 때문이다. 핵가족 제도에 도시인구가 늘어나면서 가마솥 대신 알루미늄솥이나 냄비가 늘어났지만, 지금은 산골 동네에서도 전기밥솥을 사용한다.

전기밥솥은 많은 것을 변화시켰다. 어디에 가든 전기 코드만 연결되면 스위치 하나로 쉽게 해결된다. 연기나 그을음을 걱정할 필요도 없고 불의 강약을 조절할 일도 없다. 쌀을 미리 불리지 않아도 물만 적당히 붓고 쌀을 안치면 설익은 밥이나 태운 밥 대신 고슬고슬한 밥이 된다. 매 순간 젊은 아가씨의 생기발랄한 음성으로 실시간 상황을 알려주기도 하지만 다 좋은 것은 아니었다. 눌어붙은 누룽지를 박박 긁어 오돌오돌 씹히는 맛을 즐기고 밥솥에 불을 때며 조곤조곤 이야기 나누던 가족들의 모습은 사라졌다. 수천 년 내려오던 부엌 문화는 편리하게 바꾸었지만 얼굴을 맞대고 사람 냄새를 풍기던 장면들을 앗아갔다.

가마솥은 온 식구의 생명줄이었다. 물행주와 마른행주로 들기름으로 길을 낸 까만 솥이 반질거릴 때까지 닦고 또 닦았다. 정월만 되면 부뚜막에 촛불을 밝혀두고 모든 길흉을 판단하는 조왕신 같은 솥을 향해 비손도 했다. 먹고 살기 힘든 시절의 가마솥은 가족을 먹여 살리는 생명의 원천이라 신주 모시듯 했다.

어머니의 하루는 깜깜한 부엌에서 등불을 켜면서 시작되었다. 싸늘하게 식은 솥에 물을 붓고 서서히 솥부터 데웠다. 두껍고 둔탁한 무쇠 덩어리는 좀처럼 달아오르지 않았다. 센 불의 열기가 솥 안에 가득 차면 증기 기관차처럼 하얀 김을 사방으로 뿜어내며 한동안 휘파람 소리를 냈다. 널빈지 틈새의 칼바람에도 씩씩대며 힘차게 치솟던 수증기가 잦아들면 약불로 뜸을 들였다. 그제야 가마솥도 울음을 멈추고 조용해졌다.

고부간 갈등은 끝이 없었다. 며칠 잠잠하다 싶으면 비 맞은 풀잎처럼 어김없이 되살아났다. 유교의 잣대로 며느리를 가르치려는 할머니의 집착과 현실에 갇혀 있는 어머니의 반발은 늘 같은 자리를 맴돌았다. 가끔 방에서 가시 돋친 말이 흘러나오면 부엌에서도 혼잣말 같은 응답이 들렸다. 어느 쪽도 틀린 말은 없었다. 서로 생각이 다를 뿐이었다. 아버지는 어느 편도 들지 않았다. 그렇다고 중재를 하지도 않았다. 저절로 사그라들기를 바랐는지 여차하면 동네일을 핑계로 밖으로 나갔다.

할머니의 목소리가 높아지면 부엌은 잠잠했다. 설움이 복받치면 참았던 울음을 소리 없이 터뜨렸다. 그렇다고 보란 듯이 큰 소리를 내며 울 수는 없었다. 자식들도 어떤 위로의 말을 할 수가 없었다. 어느 날, 할아버지도 아버지도 잠재우지 못한

고부간 갈등에 섣불리 끼어들었다가 판을 키운 적이 있었다. 어설프게 한마디 거들었다 불난 집에 기름 붓는 꼴이 되었다. 아무리 가슴이 아려도 나서면 안 된다는 것을 그때 알았다.

가마솥은 어머니 대신 울었다. 울음소리가 구슬픈 물굽이를 이루며 부엌을 적시면 가라앉을 때까지 가만히 기다렸다. 눈물을 많이 흘리고 울어도 누구도 말리지 않았다. 큰 소리로 울어주는 가마솥이 남편이나 자식들보다 더 위안이 될 때도 있었다. 타들어가는 어머니의 가슴만큼이나 가마솥도 까맣게 변해갔다. 희미한 등불이 지켜주는 무던한 가마솥은 주인을 대신해 울어주던 곡비哭婢였다.

무쇠솥은 연옥 같은 뜨거운 불길을 견디며 인고의 세월을 보냈다. 전생에 무슨 업보가 있었기에 날마다 소리 내어 울었는지. 이제는 눈물을 닦아줄 사람도 없는 부엌을 혼자 지키며 말없이 지난날을 생각한다. 아침 햇살에 반짝이는 물결처럼 윤기 흐르던 솥뚜껑에는 세월의 먼지만 켜켜이 쌓여간다.

배역이 끝난 가마솥은 활활 타오르는 용광로 불길 앞에서 또 다른 세상을 꿈꾼다.

피켓 며느리

시위가 판을 친다. 만장 같은 피켓이 물결을 이룬다. 모두가 하나씩 들고 나와 마구 흔들어댄다. 작은 널빤지지만 타인의 생각을 눈으로 볼 수 있어 여운이 남는다. 지금은 어디를 가도 갖가지 피켓들이 우후죽순처럼 늘어난다. 갈수록 피켓 세상이 되어간다.

지금은 백가쟁명의 시대이다. 유사 이래 이렇게 많은 사람이 자기주장을 내세운 적은 없다. 누구나 자유롭게 토론하고 타협점을 찾기보다는 오직 자신의 의견만 앞세운다. 문제가 생기면 남 탓으로 돌리고 스스로 해결할 생각은 하지 않는다. 여차하면 떼로 몰려가 억지를 쓰고 힘으로 밀어붙이는 물리력도 불사한다. 평화 시위의 상징인 피켓이 때로는 흉기가 되어 난무할 때도 있다.

문명이 발달하자 곳곳에 피켓이 나타난다. 예전에는 손 팻말을 만드는 합판이나 각목도 구하기 힘들지만 글씨도 제대로 쓰는 사람이 없었다. 지금은 자재도 흔하고 자유자재로 글을 쓸 수 있는 컴퓨터가 있어 글자체와 크기도 원하는 대로 조절한다. 마음만 먹으면 한자나 영어는 물론이고 어떤 나라 글자도 쓸 수가 있다. 상상도 할 수 없을 만큼 박식하고 뛰어난 컴퓨터가 곁에서 도와준다.

피켓을 만들어 본 적이 있다. 신입사원 시절 김포공항에 손님마중을 나갈 때였다. 미국의 큰 회사 부사장을 공항에서 모셔오는 일이었다. 누가 갈 것이냐를 두고 의견이 분분할 때 손을 번쩍 들었다. 공항에 혼자 가 본 적은 없었지만 자신해서 가겠다고 했더니 바로 낙점 받았다. 처음 피켓이라는 것을 만들었다. 골판지 상자를 잘라 흰 종이를 붙이고 검은 매직펜으로 이름과 회사명을 크게 적었다. 만들고 보니 너무 큰 것 같아 들고 가기 편하게 칼집을 내고 두 번 접었다.

국제선 대기실에 갔다. 수속을 마치고 나오는 문을 찾아 어디에서 있으면 좋을지 부터 생각했다. 가장 눈에 잘 띄는 장소를 선점하고 다른 곳으로 나가는 문이 없는지를 확인했다. 처음에는 쑥스러워 선뜻 피켓을 펴지 못했다. 다른 사람이 펼 때까지 눈치를 보며 망설였다. 혹시 못 보고 지나칠까 봐 불안했다. 문이 열리자마자 여행용 큰 가방을 끄는 사람들이 쏟아져 나왔다. 얼굴을 전혀 알 수 없으니 팻말을 보고 찾아오기만 기다렸다. 첫 간판을 걸고 개업한 주인이 손님을 기다리는 심정이었다.

피켓을 들고 있는 사람이 늘 궁금했다. 분명 가족은 아닌 것 같은데 어떤 사람을 저렇게 기다리는 것일까. 회사 업무 때문에 방문하는 사람일 수도 있겠지만 오랫동안 헤어져 살던 친척도 있을 것 같았다. 그때는 전화나 편지 말고는 서로 소통할 수 있는 수단이 별로 없던 시절이라 오랫동안 헤어져 살다 보면 얼굴을 기억할 수가 없었다. 아니면 얼굴도 모르면서 서신만 주고받던 연인일까 별별 생각을 다 했다. 마중 나올 사람이 없다는 것을 알지만 누군가가 피켓을 들고 배시시 웃고 있을 것 같아 언제나 시선은 그쪽으로 갔다.

지금은 여행사에서 만든 피켓을 자주 만난다. 외국 공항에 도착하면 이름도 성도 모르는 사람이 들고 있는 손 팻말을 보고 찾아간다. 순간적이나마 수많은 이름 속에 내가 찾는 피켓이 눈에 띄지 않으면 당황할 때도 있다. 모든 것이 낯선 곳이라 긴장되고 불안한 마음을 떨칠 수가 없다. 가끔 마중 나오기로 한 사람이 나오지 않을 때도 있다. 그때는 정말 황당한 경험을 하게 된다.

호텔 커피숍에서도 피켓을 본 적이 있다. 휴대 전화기가 없던 시절 고급 호텔 커피숍에서 차를 마시고 있을 때였다. 바람을 타고 흩날리는 산사의 풍경소리같이 들릴 듯 말 듯 청아한 종소리가 들렸다. 얼른 고개를 돌려 딸랑거리는 쪽을 돌아보니 찾는 사람의 이름이 적힌 피켓에 달린 작은 종에서 나는 소리였다. 일반 다방처럼 큰 소리로 이름을 부르지 않고 작은 종소리로 사람을 찾고 있었다. 약속 장소에 나타날 수 없는 사람의 전화라 유심히 쳐다보았지만 내 이름은 한 번도 없었다.

잘못 본 줄 알았다. 내 이름이 적힌 피켓이 갑자기 눈앞에 불쑥 나타났다. 대학 동기들과 해외여행을 마치고 피곤한 상태로 공항 대기실로 들어서다가 마주친 것이라 잘 못 봤나 싶어 다시 보았다. 너무나 익숙한 한자라 자세히 보니 내 이름이 분명했다. 순간 당황하며 놀랐지만 이내 웃을 수밖에 없었다. 단정하게 원피스를 입고 두 손으로 피켓을 흔들고 있는 사람은 큰며느리였다. 환하게 웃으면서 피켓을 들고 있는 며느리 뒤에는 장남과 손녀, 그리고 아내가 함박웃음을 짓고 있었다. 내가 놀란 만큼 친구들도 입을 다물지 못했다.

이런 경우는 처음이었다. 여태까지 국내는 물론 해외여행을 수없이 다녔지만 이런 피켓은 처음이었다. 그것도 아들 내외가 직접 만들어 이벤트를 하다니 눈앞에 나타난 현실을 보고도 믿어지지 않았다. 몇 년을 떨어져 살았거나 긴 여행을 다녀온 것도 아닌데 이렇게 감동을 안겨 주니 피로가 단번에 풀리는 것 같았다. 같이 나오던 친구들과 지도 교수님께도 인사를 하니 모두가 웃으며 반가워했다. 며느리는 슬쩍 다가와 한마디 한다.

"아버님, 잘 다녀오셨어요."

그 순간이 오래도록 가슴에 남았다. 낙동강 다리를 건너 만덕터널을 통과하는 동안 바깥 풍경은 하나도 보이지 않고 오직 그 생각뿐이었다. 일요일 저녁이라 차가 밀렸지만 전혀 지겹지 않았다. 누가 시킨 것도 아닌데 어떻게 그런 마음을 먹었을까 하는 생각뿐이었다. 누가 먼저 구상을 했는지 모르지만 준비하면서 즐거워했을 아들 내외의 모습이 자꾸 떠올랐다. 작은 종이 한 장의 이벤트가 오래갈 것 같아 혼자서 실실 웃는다.

나는 한 번도 그런 적이 없었다. 아버지가 수없이 출타하고 귀가하셨지만 마을 어귀에도 잘 나가지 않았다. 기껏해야 가끔 구두 닦아드린 것만 기억에 남는다. 누구나 아침이면 나가고 저녁에는 돌아오는 줄 알았다. 어느 날 아버지는 다시 올 수 없는 먼 길을 홀로 떠나셨다. 이제는 배웅할 일도 마중 갈 일도 없다. 그때는 왜 그런 생각을 못 했을까 이제야 자책해보지만 소용없는 일이 되었다.

세실극장

우여곡절 끝에 살아났다. 세실극장이 문을 닫는다고 하자 반발이 심했다. 반세기 가깝도록 많은 사람이 울고 웃던 공연극장을 하루아침에 닫을 수는 없었다. 마당놀이를 보았던 풋풋한 추억 하나가 사라질 뻔한 위기를 넘겼다.

세실극장은 국내 최초의 공연전용 극장이다. 덕수궁 돌담길이 끝나는 성당 한쪽에 자리 잡은 벽돌 건물이다. 세종문화회관처럼 웅장하거나 크지도 않고 좌석이 많은 것도 아니었다. 부채꼴로 된 좌석 배치 덕에 공연자들의 표정을 잘 볼 수 있었다. 창극이나 마당극은 물론 연극조차 제대로 올릴 공연장이 없던 시절이라 전용극장의 개관은 신선한 충격이었다. 독특한 현대식 건물과 갈 곳 없던 전통문화가 어우러져 많은 관심을 받았다.

난생처음 마당극인 토생전을 보러 그곳으로 갔다. 은행잎이 물들기 시작하는 덕수궁 돌담길을 천천히 돌아 인적이 드문 작은 길로 들어섰다. 공연 시간이 많이 남아서 그런지 돌계단 출입구는 한산했다. 푹신하고 두툼한 의자에 앉으니 무대가 눈앞으로 다가왔다. 딱딱한 의자가 숨 막히게 배치된 일반 영화관과는 느낌이 달랐다. 군복을 입은 나는 조용히 모자를 벗고 공연이 시작되기를 기다렸다.

바깥세상은 여전히 시끄러웠다. 서울의 봄이니 뭐니 하더니 계엄군 천지가 되었다. 영원할 것 같던 권력의 핵심이 사라지자 무주공산처럼 비틀대다가 신군부에게 힘이 넘어갔다. 대학생들은 끝까지 민주화를 주창하며 최루탄에 맞서 격렬하게 저항했다. 급기야 대학은 강의도 시험도 없는 개점휴업 상태가 되었지만 리포트로 성적을 매기고 장학금도 주었다. 그 와중에도 권력을 잡겠다고 분주하게 합종연횡을 거듭하며 세력을 키워가는 무리도 있었다. 또 다른 마그마가 열기를 더하며 부글거리고 있었다.

불안한 기운이 가득한 병영은 부산하게 움직였다. 바깥세상과 격리된 부대원은 통제된 매스컴을 통해 세상을 보는 것이 전부였다. 자세한 내막도 모른 채 실전 같은 긴급 출동과 사격 연습에 밤낮이 없었다. 언제든 출동할 수 있도록 짐을 싸 놓고 총을 메고 철모를 쓴 단독군장으로 다녔다. 사무실 서류도 후송할 것과 파기할 것을 분류해 놓고 비상상태에서 일을 했다.

점차 높은 단계의 비상이 발령되자 곧 전쟁이 터질 것만 같았다. 불안한 마음에도 전쟁이 터지면 군인이 가장 안전하다는 자조적인 농담을 주고받았다.

처음 만난 장소는 서울역 다방이었다. 오랫동안 금지되었던 외출이 막 허용되던 가을이었다. 끝이 보이지 않던 군 생활도 종착역을 향하던 때라 내무반 동기가 마련해준 외출증을 들고 서울로 나갔다. 겨우 찾은 다방에는 많은 사람이 열심히 떠들었다. 사방을 두리번거렸지만 노란 목도리를 두른 아가씨는 보이지 않았다. 입구에서 멀지 않은 곳에 자리를 잡았다. 성냥과 재떨이가 놓여 있는 탁자에는 시키지도 않은 엽차가 잽싸게 자리 잡았다. 한 번 더 복장을 확인하고 입구 쪽에 시선을 고정했다.

장계현의 〈나의 이십 년〉이라는 노래가 흘러나왔다. 내무반 회식 때마다 어느 선임이 줄기차게 부르던 노래였다. 저녁마다 매타작 소리가 울려 퍼지는 내무반이었지만 가끔은 회식을 통해 쌓였던 울분을 토해내기도 했다. 그렇다고 선을 넘었다가는 회식은 바로 끝이 났다. 기분 좋게 마셨던 술 냄새가 다 빠져나갈 정도로 대가를 치러야 했다. 누구도 간섭하지 않는 왕고참이라 평소에 하고 싶었던 그림 연습을 하고 있었다. 목수 출신 방위병과 틈틈이 액자도 만들었다.

작은 가방을 둘러멘 노란 목도리의 아가씨가 문에 들어섰다. 한눈에 알아보고 손을 들자 해맑은 얼굴의 아가씨는 가슴에 붙은 명찰을 확인했는지 생긋 웃으며 인사부터 한다. 학교에 근무해서 그런지 나이보다는 훨씬 성숙한 모습이었다. 군대 이야기로 시작했지만 소리와 그림 이야기를 하면서 공감대를 넓혀갔다. 친구의 말만 믿고 주저 없이 나갔는데 자연스럽게 이야기가 잘 이어졌다. 두 살 적은 아가씨는 다방 문을 나서면서 오빠라 불렀다. 여동생이 없어 한 번도 들어보지 못했던 그 호칭을 듣는 순간 화끈 얼굴이 달아올랐다.

토생전은 별주부전이다. 생소한 마당극을 본다고 생각하니 마음이 설렜다. 기껏해야 동네 걸립 노는 것을 본 것이 전부였던 나는 기대가 컸다. 마당극을 극장에서 공연하지 않던 시절이라 더 그랬다. 풍물놀이야 엄마 등에 업혔을 때부터 봐왔지만 마당극은 전혀 다른 장르였다. 대학 축제 때마다 장구와 꽹과리를 친 적이 있던 터라 관심이 많던 분야였다.

드디어 토생전이 시작되었다. 경쾌한 장단과 익살스러운 연기에 모두가 젖어들었다. 창극이나 판소리처럼 지루하지 않았다. 무엇보다 관중들과 호흡을 같이하는 공연이라 나도 배우가 된 것 같았다. 가끔 양념같이 더해지는 재치 있는 애드리브가 관객의 눈과 귀를 사로잡았다. 칼칼한 목소리로 충청도 사투리를 많이 구사하는 배우의 자연스러운 연기는 새로운 세상을 보는 것 같았다. 평소 잘 웃지 않던 나는 그날 많이도 웃고 떠들었다. 지금도 그 생각을 하면 방금 본 것처럼 기억이 생생하다. 극장을 나와 덕수궁 미술관 국전도 같이 보러 갔다. 그해 겨울에 몇 번 더 그녀와 연극과 그림을 보러 다녔다.

세월이 한참 지나 혼자 세실극장을 찾았다. 한용운의 〈님의 침묵〉을 보러 갔지만 채 끝나기도 전에 조용히 나왔다. 그날도 하늘에는 흰 구름이 떠다녔지만 고궁에는 국전이 열리지 않았다. 날이 갈수록 기억 속의 그날이 선명하게 다가온다. 누구나 젊은 시절의 기억은 소중하다. 사람은 기억을 먹고 늙어가기 때문이다. 봄날 아지랑이처럼 지난날 기억이 피어났다 사라지면 혼자 쓴웃음을 짓는다. 말할 수 없어 더 그립고 다시 올 수 없는 날이기에 아쉬움이 남는다.

세실극장이 문을 다시 열었다. 가을이 되면 노란 은행잎을 밟으며 덕수궁 돌담길을 돌아볼까 한다. 풋사과 같은 기억이 구름처럼 떠다니는 하늘이 점점 높아만 간다.

낙엽이 가는 길

산골짝의 새벽은 늦게 온다. 큰 산일수록 계곡이 깊어 하루해가 짧다. 긴 능선을 넘어온 햇볕이 자리 잡을 만하면 어느새 반대편 산마루에서 서성인다. 붉은 기운을 쏟아내는 저녁노을이 나뭇가지에 걸리면 도둑고양이처럼 살며시 어둠이 찾아든다. 발원지를 알 수 없는 맑은 물줄기가 계곡의 작은 마을을 지나 바깥세상으로 나간다.

밖에서 보면 마을이 전혀 보이지 않는다. 하루에도 수만 대의 차들이 쌩쌩 달리는 경부 고속도로가 이중으로 막고 있어 접근조차 어렵다. 작은 절벽과 암반으로 된 입구가 뭔가가 있음을 짐작하게 하지만 동네가 있을 거라는 생각은 쉽게 들지 않는다. 어찌나 은밀하게 자리 잡고 있는지 예전에 유배지가 아니었을까 싶기도 하다. 세상을 등지고 은인자중하며 살기에는 더없이 좋은 동네다.

어느 날, 마을 입구에 음식점이 생겼다. 노송을 배경으로 '그 대발길 머무는 곳에'라는 식당 간판이 오가는 사람들의 눈길을 붙잡는다. 오래된 감나무가 수호신처럼 지키던 마을 어귀의 밭이 언제부턴가 식당 주차장이 되었다. 가끔 그곳을 지날 때마다 긴 식당 이름을 시처럼 읊조렸다. 어떤 사람이 주인이기에 저런 이름을 지었을까 싶었다. 며칠 전, 우연히 찾은 찻집에서 주차장 감나무와 눈이 마주쳤다.

밑둥치가 유난히 검은 감나무엔 이파리가 보이지 않는다. 한여름 뜨거운 햇살을 막아주던 무성한 감잎은 어디로 갔는지. 휑하니 비어버린 허공에는 붉은 감 몇 개가 늦가을 햇볕에 속살이 보일정도로 빨갛게 몸을 태운다. 이파리 뒤에 몸을 숨기고 있던 빨간 감이 억센 잎이 떨어져 나가고 없는 나뭇가지를 붙잡고 있다. 바람이 불 때마다 몸서리치듯 나뭇가지가 흔들리면 감은 춤을 추듯 운율을 탄다.

감나무는 차마 열매를 떨어뜨리지 못한다. 밤나무나 갈참나무는 적당한 시기가 되면 영근 열매부터 떨어뜨리지만 감은 그렇지 않다. 모두가 자식 같은 열매를 멀리 보내고 추운 겨울을 준비하는 늦가을에도 감나무는 열매를 자식처럼 보듬고 있다. 언제까지나 달고 있을 수 없다는 것을 알면서도 놓지 않는다. 홍시가 되기도 전에 일찌감치 잎과 인연을 끊은 붉은 감은 파란 가을 하늘과 보색을 이룬다.

감꽃은 벚꽃처럼 화사하지도 아카시아 꽃처럼 꿀이 많지도 않다. 그렇다고 천리향이나 만리향처럼 향기가 좋은 것도 아니다. 멋모르고 달려든 벌 나비가 하나둘 떠나면 왕관 같은 감꽃은 땅에 떨어진다. 딸 부잣집 막내아들 같은 푸른 감은 넓은 이파리 밑에서 자양분을 받아먹고 체중을 불린다.

넓은 감잎들이 떠나간다. 떨켜가 수분을 끊자 맥없이 떨어져 나간다. 한동안 기를 쓰며 버텼지만 주황색 이파리가 하나둘 가지와 이별한다. 자신의 역할이 끝나면 어김없이 둥지를 떠나보내는 어미 새처럼 나무도 나뭇잎을 떨쳐낸다. 땅에 떨어진 갈색 감잎들이 굼벵이처럼 온몸을 움츠린다. 늦가을 찬바람에 멍석말이하듯 돌돌 말린 낙엽들이 바람 따라 우왕좌왕하다 구석 한쪽으로 모여든다.

지난여름이 아쉬운지 나무 곁을 쉽게 떠나지 못한다. 모여든 가랑잎들이 출전 북이 울리기를 기다리는 듯 몸을 추스른다. 돌격명령이 떨어지면 어디든 뛰어들 준비를 마친 병사들처럼 나무둥치 근처에서 마지막 시간을 보낸다. 나뭇가지는 말없이 내려다보기만 한다. 지금 떠나면 영영 볼 수 없다는 것을 알지만 여기까지가 인연이라는 것도 겸허히 받아들인다.

어디선가 한 줄기 바람이 쌩하니 불어온다. 금방이라도 바스러질 것 같은 검은 가랑잎 하나가 마당을 가로지르자 좀비처럼 모두가 따라나선다. 어디로 가는지도 모르고 돌진하는 병사들처럼 정신없이 달려간다. 계곡이 있는 줄도 모르고 달려온 가랑잎은 낙화암에서 몸을 던진 백제의 삼천 궁녀처럼 허공에 몸을 날린다.

낙엽이 지면 꿈도 따라가는지. 지나온 무더운 여름이 그립고 아쉽지만 계절은 덧없이 흘러간다. 평생 젊음을 간직할 줄 알지만 어느새 서리가 내려앉은 사람의 모습을 보는 것 같다. 찬바람이 앙상한 가지를 울리는 한겨울이 되면 정처 없이 떠돌던 가랑잎은 어디에선가 잘게 바스러진다. 가을만 되면 무성한 잎들이 그렇게 사라지지만 눈여겨보는 사람은 없다. 삭풍에 떨고 있는 앙상한 나뭇가지만 쳐다보며 모두가 아쉬워한다. 굴러가는 낙엽이 지난날을 불러낸다.

사십 년 전, 이 동네에 온 적이 있다. 여름 방학 봉사활동을 하던 산골 마을이었다. 친구들이 같이 가자고 했지만 농사짓는 부모님을 생각하니 따라갈 수가 없었다. 어느 날, 봉사단 단장이었던 친구가 시골집으로 찾아왔다. 동민 위안의 밤이라는 프로그램 때문이었다. 분위기를 이끌 사람이 없다고 같이 가자고 했다. 멀리서 찾아온 친구를 돌려보낼 수 없어 따라나섰다.

시외버스를 타고 양산을 거쳐 한적한 곳에 내렸다. 고속도로 밑을 지나 계곡을 따라 올라가니 감춰진 산골 동네가 나타났다. 어두워진 밤하늘에는 은하수가 강물처럼 흐르고 있었다. 한 번도 본 적이 없는 동네 사람들이었지만 노래를 부르고 장구를 치며 시간 가는 줄 모르고 놀았다. 얼굴도 잘 보이지 않는 캄캄한 밤에 끝없이 이어지는 노래는 온갖 풀벌레 소리를 불러왔다. 떠나는 날, 천성산 자락의 아침은 늦게 찾아왔다. 날마다 같이 공부하고 놀았던 여자아이들은 눈물 흘렸고 막걸리를 마시며 동네일을 함께한 마을 청년들은 말끝을 흐렸다.

낙엽이 가라앉는다. 방금 떨어진 가랑잎이 계곡에서 빙빙 돌더니 천천히 물속으로 빠져든다. 낙엽이 가는 길은 어디일까. 멀리서 지켜보던 감나무는 마지막 작별 인사처럼 가지를 흔든다. 빨간 홍시 하나가 주차장 바닥에 툭 떨어진다. 마치 물풍선이 터진 것처럼 선홍빛 액체가 사방으로 튄다.

모두가 흔적을 남기려고 애를 쓴다. 종이에다 글을 쓰고 돌에다 이름과 글씨를 새기기도 하지만 자식을 통해 자신의 모습을 완성하려는 일에 모든 것을 건다. 지체가 높거나 가진 것이 많은 사람일수록 더욱 욕심을 부린다. 나무나 사람이나 유전자 번식을 위한 노력은 같지 않을까. 계곡물에 비친 늦가을 햇살에 눈이 부신다.

향내 품은 툇마루

좁고 가파른 길이 산속을 파고든다. 어둠이 사라지자 치열하고 분주했던 숲속은 아무 일도 없었다는 듯이 조용하기만 하다. 촌부의 손등처럼 거친 껍질의 소나무들도 깊은 잠에 빠진 듯 서로 엉켜 있다. 산허리를 돌 때마다 마주치는 구불구불한 계곡길이 묵혀 두었던 숲의 사연들을 토해낸다.

마지막 능선을 넘어서자 멀리 기와지붕 용마루가 나타난다. 산줄기가 감싸고 있는 양지바른 곳이라 온종일 햇살이 머무는 아늑한 지형이다. 큰 절이 있었던 넓은 빈터에는 기와집 몇 채만 흩어져 있고, 작은 연지에는 누렇게 말라버린 연꽃 줄기들이 화려했던 지난여름을 말하는 듯 얼음을 뚫고 솟아있다. 개목사開目寺를 제대로 찾아왔다.

원래는 흥국사였다. 통일신라 초기에 세워진 절이다. 의상

대사가 신통한 묘술로 99일 동안 아흔아홉 칸의 거대한 절을 지었다고 하나 지금은 보물 242호로 지정된 원통전만 옛 모습을 지니고 있다. 개목사라는 이름에는 두 가지 전설이 있다. 절을 짓자 당시 안동 지역에 많았던 소경이 없어져 개목사로 바꾸었다는 설과 조선 초기 안동부사로 부임한 맹사성이 더 이상 소경이 생기지 않도록 이름을 바꿨다는 설이 있다.

일주문도 해탈문도 없다. 건물 배치도 형식을 건너뛴다. 엄숙한 대웅전이나 잡귀를 쫓는 사천왕상도 보이지 않는다. 그 흔한 석탑이나 석등도 하나 없다. 넓지 않은 마당 안에 맞배지붕의 아담한 원통전만 단아한 모습으로 앉아 있다. 서원이나 제실처럼 낡은 툇마루가 친숙하고 편안함을 더해준다. 법당에는 옆문이 없다. 툇마루를 거쳐 앞문을 열고 들어간다. 마당에 들어서면 종일 방을 지키는 할머니의 살가운 목소리가 들릴 것만 같다. 안방 같은 법당의 온기가 마루로 전해진다.

툇마루에 앉았다. 좁고 낮은 법당 마루에 앉으니 바람이 멎는다. 절을 찾는 사람들은 여기서 무슨 생각을 했을까. 모두가 가져온 번민과 고뇌를 내려놓고 가려 했을 것이다. 햇살이 두터워지자 법당 앞 향나무에 앉아 있던 새들이 어디론가 날아간다. 향불이 영혼을 연결하는 사다리라면 새들은 불음을 전하는 전도사가 아닌가 싶다.

작은 향나무가 고개를 든다. 적멸보궁을 지키는 정암사의 향나무처럼 온몸을 비틀며 납작 엎드려 있다. 그마저 없었다면 빈 마당에 들어온 바람이 어디에 머물렀을지. 언제 꺼졌는지 알 수 없는 향로 하나가 목탁 소리도 염불 소리도 없는 조용한 경내에 놓여 있다. 조심스레 향을 피운다. 마당을 가득 채운 진한 향이 천천히 피어오른다. 향내가 작은 툇마루에 짙게 배어든다.

고향의 앞산 작은 절에도 향나무가 있었다. 말하지 않으면 모를 정도로 작은 절 마당에 향나무 하나가 하늘을 향하고 있었다. 한동안 어머니는 내 집처럼 그곳을 찾아갔다. 밭일을 하다가도 가슴이 미어지는 아픔이 다가오면 그곳으로 달려갔다. 타고 남은 재만 가득한 향로에 향불부터 붙였다. 향내가 법당을 가득 채울 때까지 절을 했다. 한동안 일어나지 않고 엎드려 있는 날에는 두 눈이 퉁퉁 부어 있었다. 보는 것만으로도 배가 부르다던 아들들의 혼백이라도 만난 것일까.

큰아들이 암이라는 소식에 어머니는 혼절했다. 모두가 쉬쉬했지만 결국 알게 되었다. 열일곱에 시집와 그 고된 시집살이도 아들을 보며 견뎌냈고 남편이 타지를 전전할 때도 장남이 있어 참아냈다. 어쩌면 남편보다도 더 의지하고 믿었던 큰아들이었다. 유명한 의사는 다 찾아가고 용하다는 점쟁이를 찾아가 시키는 대로 다 했다. 하지만 소용없었다. 늦가을 단풍이 만산을 물들일 때 아들은 긴 투병 생활을 마감하고 먼 곳으로 떠났다.

슬픔이 채 가시기도 전에 둘째 아들이 병상에 누웠다. 투병 생활에 힘들어하는 아들을 보러 갔지만 할 수 있는 것은 아무것도 없었다. 날마다 정화수를 떠 놓고 비손을 했다. 잘하는 병원이라면 어디든 찾아다녔지만 늘 아픈 손가락이었던 둘째마저 보내야했다. 분주하던 집안이 적막에 싸였다. 한동안 두문불출하던 어머니는 어느 날부터 날이 밝기도 전에 밭에 나가 무엇이든 심고 가꾸었다. 때로는 끼니도 잊은 채 풀을 쥐어뜯었다. 누가 지나가며 말을 붙여도 밭고랑만 내려다보며 병마 같은 풀과 싸웠다.

툇마루에 앉아 누각을 내려다본다. 햇살이 마당을 채우고 향내가 법당을 적신다. 처마 끝 풍경의 물고기가 산사의 정적을 깨지만 거치대에 매달려 졸고 있는 동종은 깨어날 줄 모른다. 잠시 짐을 내려놓고 등을 눕혀도 뭐라 할 사람도 없다. 철새나 산짐승이 찾아와도 기꺼이 자리를 내준다. 어쩌면 마루가 삶의 무대인지도 모른다. 삶이 끝나면 무대를 내려오는 배우처럼 아버지도 형님들도 마루를 지나 다시 올 수 없는 먼 곳으로 떠났다.

운해가 걷히자 올망졸망한 산봉우리가 끝없이 펼쳐진다. 구름에 가려 보이지 않던 산들이 이제야 제 모습을 드러낸다. 본래 형체가 없었던 것이 아니라 보지 못했던 산이다. 눈을 뜨고도 제대로 보지 못하는 것이 많다.

간혹 바람 소리가 들리지만 성가시지 않다. 마루에 내려앉은 겨울 햇살이 살짝 손등을 간질인다. 얼마나 지났을까. 마당에 뒹구는 낙엽이 바람을 몰고 지나간다. 법당문을 열어둔 채 스님은 어디로 갔을까. 적막감이 감도는 텅 빈 툇마루에 알싸한 내음이 코끝을 스친다. 마음의 눈을 뜨라고 향내로 이른다.

쇠꽃

검버섯이 온몸을 덮는다. 단단하고 매끈한 표면에 검붉은 반점이 번져나간다. 인고의 세월을 견뎌낸 육신에 따개비처럼 뿌리를 내린다. 밀물처럼 다가오는 현실에 맞서느라 반점 같은 붉은 꽃이 하나둘 피어나도 대수롭잖게 생각했다.

삽 하나가 오가는 사람을 물끄러미 바라본다. 자세히 보지 않으면 삽날인지 아닌지 알 수 없을 정도로 몸체가 망가졌다. 강하고 단단한 강철도 세월을 비껴갈 수 없었는지 산화된 빨간 점들이 악성종양처럼 삽날에 번져 있다. 삭은 부분은 작은 구멍이 뚫려 남은 형체마저도 서서히 무너져 간다. 날렵한 강철 삽날이 석돌처럼 푸석거릴 줄은 아무도 몰랐다. 동고동락했던 나무 자루가 사라지자 점점 구석으로 밀려난다.

삽은 당당했다. 할아버지 손에 들려 처음 집에 오던 날, 자루가 긴 살포도 함부로 권위를 내세울 수 없을 만큼 푸른 삽날과 말쑥한 나무 자루에서 윤이 났다. 반듯한 콧날과 예리한 날끝은 자신감이 넘쳤고, 딱 벌어진 손잡이는 어떤 일도 감당할 수 있을 만큼 튼실했다. 쟁기나 곡괭이가 꺼리는 자갈논이나 거친 황무지도 문제없다는 듯 힘차 보였다. 날마다 논밭에 나가면 어둠이 내리는 저녁에야 집으로 돌아왔다. 진흙을 파헤치고 도랑을 칠 때는 전사처럼 흙투성이가 되었지만 일이 끝나면 개울가에서 새신랑처럼 말쑥하게 단장하고 돌아왔다.

강철 삽날의 능력은 대단했다. 푸닥거리하듯 한바탕 휘젓고 지나가면 잡초가 무성한 황무지는 논이 되고, 칡뿌리가 그물처럼 얽힌 산비탈은 밭이 되었다. 돌이 나오면 곡괭이가 되고 등걸이 나오면 도끼날로 변했다. 논밭 일을 하다가도 고샅길이나 신작로를 보수하고, 거름을 나르는 궂은일과 뜨거운 불속에서 숯을 찾는 일도 마다하지 않았다. 농한기가 되면 쉴 수 있는 쟁기나 호미와 달리 사시절 호위무사처럼 주인을 따라다녔다.

힘들 때도 많았다. 언제나 강자였고 마냥 즐거웠던 것은 아니다. 무심코 땅속으로 들어가다 바윗돌을 만나면 깜짝 놀라 비명을 지르며 몸을 움츠렸다. 푸석한 석돌을 만나면 그나마 다행이지만, 청석이나 강돌이 버티고 있으면 어쩔 수 없이 온몸을 떨어야했다. 때로는 자르지 말아야 할 나무뿌리를 자르고 감자나 고구마를 두 동강 낼 때도 있지만 물러설 줄을 몰랐다. 어떤 길이든 한 번 나서면 감당하기 힘든 일이라도 온 힘을 다해 버텼다.

할아버지의 삽은 자루가 길고 삽날이 손바닥만 한 살포였고, 형님은 손잡이가 뭉툭하고 삽날이 큰 삽을 사용했다. 내가 형님의 삽을 물려받았을 때는 예리하던 끝도 빛나던 삽날도 없었다. 그래도 날마다 눈을 맞추며 정이 들었던 헌 삽은 마치 오랜 친구처럼 든든했다. 새 삽처럼 의욕만 앞서거나 살포처럼 권위를 내세우지도 않고 무리하거나 욕심을 부리지도 않았다. 한창때의 모습은 없었지만 오래된 고주박이나 너덜겅이 나오면 허리를 숙이며 피해가고 물러설 줄 알았다. 날카로운 삽날도 견고한 자루도 없는 헌 삽은 늘 신중하고 유연하게 대처했다.

쇠 삽의 시초는 보습이 아닐까 싶다. 삼국시대 이전의 고분에서 발굴되는 보습이 우리 헛간에도 있었다. 보습은 따비나 극젱이의 술에 틀니처럼 끼워 사용했다. 말발굽 편자처럼 떼고 붙일 수 있는 보습을 끼우는 일은 쉽지 않았다. 억지로 끼워 놓아도 나무가 말라 수축하면 저절로 빠져버렸다. 그렇다고 망치로 때리면 성질 급한 무쇠 날은 깨졌다. 할아버지는 보습을 끼울 때마다 틈새를 메워주는 보족을 사용했다. 보습을 끼우는 일만은 눈썰미와 손재주가 뛰어난 큰형님도 할아버지의 도움을 받아야 했다.

무쇠 보습은 강철에 밀려났다. 가볍고 튼튼한 강철 삽은 수

천 년 내려오던 보습의 자리를 단번에 차지했다. 무쇠에 비하면 강철의 역사는 짧지만 질기고 강한 성질로 자신의 영역을 만들었다. 제철소가 생기고 제강기술이 발달하면서 등장한 다양한 삽들이 농사일에 큰 도움을 주었지만 그리 오래가지는 못했다. 문명의 발달로 농기구도 자동화되고 기계화되면서 수작업에 의존하던 쟁기나 삽은 점차 사라져갔다.

세상을 바꾼 철은 은자隱者였다. 자신의 모습을 잘 드러내지 않았다. 누구도 쉽게 찾을 수 없는 깊은 곳에서 은둔의 세월을 보내고 있었다. 핏물처럼 바위 속에 스며들어 수십억 년을 수도자처럼 조용히 지냈다. 어설픈 돌들이 세상을 지배하고 구리와 주석이 새로운 문명을 만들 때도 그저 지켜보기만 했다. 갖가지 귀금속들이 부와 권력에 아부하며 부귀영화를 누릴 때도 철은 한눈팔지 않고 언제나 낮은 곳에서 힘들고 험한 일을 맡았다.

자신의 역할을 다한 철은 미련 없이 떠난다. 분장한 배우처럼 주어진 배역이 끝나면 조용히 무대 뒤로 사라진다. 잠시 세상에 얼굴을 내밀었다 떠나는 것은 철만이 아니다. 영원할 것 같은 바위도 자갈과 모래가 되었다가 먼지가 되면 바람을 따라나선다. 철은 무덤을 만들거나 화장할 필요가 없다. 바람이 구름을 데려가듯 풍화된 철도 세월을 따라 사라진다. 처음부터 형체가 없었기에 떠날 때는 아무것도 남기지 않는다. 그렇다고 아픔이 없는 것은 아니다. 고통 없이 떠날 수 있는 것이 어디 있겠는가. 저승사자 같은 산소 앞에서는 벌건 녹물이 되어 눈물처럼 흘러내린다.

산화된다는 것은 본래 모습으로 돌아가는 것이다. 잠시 삽이 되고 쟁기가 되지만 어쩌면 그것은 자신의 모습이 아니었는지 모른다. 핏물처럼 바위 속에 갇혀 있다 뜨거운 불길에 어쩔수없이 세상에 나왔지만 사는 것이 쉬운 것은 아니었다. 힘든 삶의 마지막 가는 길은 언제나 열꽃 같은 산화였다. 찔레꽃보다 더 붉은 쇠꽃으로 활짝 피었다가 훨훨 떠나간다. 흙에서 태어났다 흙으로 돌아가는 인간처럼 영면의 세계로 돌아간다.

지금도 어디선가 철의 환생을 바라는 용광로의 거센 불길이 하늘높이 올라간다.

가슴북

고주박이

갈라꼬

서생원의 한숨

영여靈輿

철, 철, 철

가슴북

눈길 따라 들어왔다. 푸른 소나무가 하얀 눈꽃을 이고 있다. 어둠이 짙게 깔린 겨울 산에는 얼음보다 차가운 기운이 조용히 내려앉는다. 희미한 별 몇 개가 죽은 듯이 누워 있는 산등성이 너머 검푸른 하늘에서 눈밭을 내려다본다. 노송이 어지럽게 자리 잡은 숲속 산사가 깊은 고요 속으로 잠겨 든다.

북소리가 침묵을 깨뜨린다. 계곡을 깨우는 울림이 골짜기를 벗어나지 못하고 맴을 돈다. 점차 빨라지는 진동이 소릿결을 이루더니 이내 메아리가 된다. 무게를 이기지 못하고 어깨를 축 늘어뜨린 나뭇가지가 스르르 눈더미를 쏟아낸다. 무겁고 긴 파장이 향불처럼 피어오르자 허공의 별들도 잠시 눈을 감는다.

눈 덮인 다리를 건너 북소리를 따라간다. 소살거리며 흐르던 골바람마저 숨죽이는 밤이 되자 일주문을 향한 긴 나무 터널에도 정적이 흐른다. 가끔 계곡에 울려 퍼지던 나뭇가지 부러지는 소리도 잠잠하다. 조계문과 천왕문을 지나 돌계단에 올라서자 절 마당을 지키는 돌탑이 눈길을 잡는다. 감은사지의 삼층석탑처럼 장엄하거나 불국사의 다보탑같이 화려하지는 않지만 단정한 자태가 정감을 자아낸다. 검게 그을린 석등 주변에는 돌이끼를 둘러쓴 당간지주가 호위무사처럼 당당하게 버티고 서 있다.

북채가 춤을 추자 쇠가죽이 운다. 육신을 감쌌던 깡마른 가죽이 요동치며 소리를 낸다. 추녀를 타고 뻗어가는 고통의 소리가 밤공기를 가른다. 끊어질 듯 이어지는 애절한 울림이 검은 능선을 타고 산꼭대기로 향한다. 파동이 소멸하면 번뇌와 번민도 사라지는 것일까. 소리가 사라진 허공에는 작은 별빛만 남아 있다.

장삼 자락이 휘날리자 북소리가 급해진다. 변죽을 울리며 가장자리를 빙빙 도는 북채가 끊임없이 중앙을 넘보지만 쉽게 다가가지 못한다. 늘어진 옷자락에서 두 팔이 솟구쳤다 내려가기를 수없이 반복한다. 소맷자락이 흘러내려 민소매가 되자 푸른 핏줄을 드러낸 팔뚝이 중심에 다가선다. 북을 안을 듯 피해 가고 잡을 듯 놓아준다. 허연 팔뚝의 힘줄이 불끈거릴 때마다 진폭도 더해진다.

북소리는 가슴으로 전해진다. 두둥둥 전해지는 파동이 인간의 본능을 일깨운다. 듣고만 있어도 심장이 쿵쾅거리고 박동이 빨라진다. 허공으로 전해지는 진동이 힘과 용기를 더해 주고 생기를 되찾게 한다. 죽음의 계곡을 넘나드는 전장의 병사들도 둥둥거리는 북장단에 두려움을 떨쳐낸다. 거친 북소리가 절망과 두려움을 앞으로 밀고 나간다.

무슨 생각을 하며 북을 치는 것일까. 쓰다듬고 어루만지듯 토닥거리고 찢어버릴 듯이 힘차게 두드리며 가슴속 뜨거운 응어리를 실타래처럼 풀어낸다. 북이 아니라 자신의 앞가슴을 두드리는 것같이 거침이 없다. 천천히 두드리던 북장단이 성난 파도처럼 출렁이며 춤을 춘다. 숨소리조차 크게 낼 수 없는 장엄한 분위기가 계속된다.

무두질하듯 가슴을 두드리던 어머니의 모습이 겹쳐진다. 젊은 두 아들을 저세상으로 보내고 날마다 작은 주먹으로 복장을 쳤다. 어떤 힘든 일도 내색하지 않던 어머니였지만 뼈가 도드라진 앙가슴을 거침없이 두드렸다. 참척의 아픔을 참지 못하고 복장을 칠 때는 누구의 위로도 어떤 사람의 간곡한 만류도 소용이 없었다. 가슴북은 날이 갈수록 여위어갔다.

가슴북의 울림이 심장으로 향한다. 사랑도 미움도 분노도 파장이 되어 안으로 파고든다. 해감처럼 쌓여 있는 고통을 작은 울림으로 토해내려 하지만 쉽지가 않다. 심박동마저 멈춰버린 듯 가늘어진 숨소리에 답답한 마음만 점점 굳어간다. 무뎌진 복장을 힘껏 두드려 보지만 진폭만 커질 뿐 멍울을 게워

내지는 못한다. 어머니의 작은 새가슴이 전하는 북소리가 쇠가죽보다 큰 파동을 일으킨다. 가슴에 손을 얹고 바라보던 어머니가 살며시 눈을 감는다.

세상 어디에도 북은 있다. 놀이를 하거나 의식을 행하는 곳이면 어김없이 등장한다. 북은 통나무로 만든 것이 아니다. 수십 개의 작은 나뭇조각을 적절한 크기로 짜 맞춘 것이다. 너무 두꺼우면 모양을 만들기 어렵고 얇으면 북의 진동을 견디지 못하고 비틀어진다. 수많은 조각 중에 하나라도 뒤틀리면 북이 되지 않는다. 몸통보다 더 어려운 공정은 쇠가죽을 가공하는 작업이다. 두꺼운 쇠가죽을 부드럽게 하고 두께를 조절하는 무두질은 명장이 아니면 할 수가 없다. 울림통과 쇠가죽이 적절하게 조화를 이룰 때 비로소 소리북이 된다.

심박동 같은 북소리가 피를 돌게 한다. 고수가 북을 두드려야 소리꾼의 사설이 시작된다. 가슴을 파고드는 진양조장단이 불을 토하는 휘모리장단으로 변하면 고수의 소맷자락이 휘날린다. 숨 쉴 틈도 없이 쇠가죽 소리가 뒤엉키면 청중의 어깨도 물결을 이룬다. 북장단이 소리꾼과 청중을 몰고 다니면 저절로 추임새가 터져 나온다. 쇠가죽의 울림과 나무통의 맑은 소리가 소리꾼의 억센 목청과 어우러진다. 북이 없으면 농악도 사물놀이도 살아나지 않는다.

강약을 거듭하던 북장단이 점점 빨라진다. 출렁이는 쇠가죽이 진정되기도 전에 또 두드린다. 잔잔한 진동이 거친 파도가 되어 해일을 불러오자 누에가 명주실을 게워내듯 가슴속 한을 토해낸다. 짓누르던 번민의 사연들이 하나둘 빠져나간다. 끊임없이 이어지던 파동이 조금씩 잦아들자 물결을 이루던 떨림도 고요 속으로 사라져간다.

북소리가 숨 고르기를 하자 뜨거운 기운이 항불처럼 피어난다. 요동치던 가슴북 소리도 바람을 타고 하늘을 오른다.

고주박이

봄비가 부슬부슬 내린다. 고즈넉한 산길을 걷다가 죽 늘어선 아름드리 고목을 만난다. 빗물이 천천히 몸피를 적시자 늙은 산벚나무가 까맣게 변한다. 겨우내 봄을 기다리던 꽃망울이 가지마다 터질 듯 부풀어 있다. 세상이 불안과 공포에 떨고 있어도 때맞춰 꽃을 터뜨리려는지 마지막 기운을 모은다.

봄을 알려주는 노거수 사이에 그루터기 하나가 눈길을 끈다. 초라한 몰골이 지난 세월을 말해준다. 살점이 뜯겨나간 조장鳥葬처럼 곳곳에 뼈마디가 드러난다. 상주도 백관도 보이지 않는 한쪽 구석에서 조용히 썩어간다. 껍질이 벗겨진 거무스름한 속살이 세월의 물결에 조금씩 삭아 내린다. 억센 뿌리는 자취를 감춘 지 오래고 하늘을 향해 올라가던 우듬지도 기억 속에만 남아 있다. 당당하던 몸피도 옹이도 보이지 않는 몸뚱이를 겨우 썩은 뿌리 하나가 받치고 있다. 날마다 들락거리던 다람쥐도 밤마다 찾아오던 부엉이도 발길을 끊은 지 오랜 지 쓰러질 듯 서 있다.

고주박은 땅에 박힌 채 죽은 나무 그루터기이다. 얼핏 보면 한때 나무였는지도 모를 만큼 거친 수피마저 벗어버린 짧은 몸통을 땅에 의지하고 있다. 사방으로 뻗어가던 잔가지는 삭정이가 되어 부러지고 물기 하나 없이 깡마른 몸뚱이마저 떠나고 없는 나무의 밑둥치이다. 비바람에 깎이고 쓸려나간 몸피에는 지나온 세월만큼이나 능선과 골짜기가 새겨져 있다. 흙이 붙잡지 않았으면 벌써 쓰러져 진토가 되었을 썩은 밑둥치에 고통과 속박의 사연들이 물결처럼 새겨져 있다.

형체가 기묘하다. 에밀레종의 비천상이 온몸을 비틀며 승천하는 용의 형체가 되었다가 물결에 씻겨나간 듯한 잔주름이 치솟는 불꽃의 형상이 되기도 한다. 겉옷 같은 껍질을 벗기고 두툼한 살을 걷어내면 진정한 속살이 드러난다. 속이 까맣게 변한 것만 봐도 얼마나 힘들게 살았는지 질곡의 역정이 짐작된다. 썩을 대로 썩고 버릴 것은 버려야 비로소 본래의 모습이 나타난다.

마른 버섯을 둘러쓰고 비를 맞는다. 벌집 같은 몸통이 틈새를 비집고 들어온 물기를 단숨에 빨아들인다. 찬찬히 들여다보니 송진이 엉겨든 관솔도 없고 밤나무처럼 단단하고 억센 심재도 없다. 살면서 뭉쳐진 것이 하나도 없었을까. 삶이 힘들어도 사리를 만들지 않고 바람에 흔들려도 뼈대를 만들지 않았다. 산새가 둥지를 틀었던 작은 구멍에 빗물이 고이기 시작한다. 마지막 남은 육신마저 버섯과 벌레들에게 내주고 비에 젖어간다.

봄날이 사라진 계곡에 나무토막 하나가 흙덩어리처럼 나뒹군다. 화목도 될 수 없을 정도로 썩었다. 죽어도 불길 속에는 들어가지 않겠다는 듯이 건드리기만 해도 바스러진다. 바람결에 왔다가 바람을 타고 돌아가려는지 풍장을 택한다. 둥치의 뿌리는 이미 흙이 되고 남은 것이 없다. 가슴속에 응집된 수액마저 다 날려 보내고 마지막 남은 육신이 진토가 되기만을 조용히 기다린다. 남겨본들 소용없고 그 또한 부질없다는 것을 아는지 아예 흔적마저 지우려고 한다.

구부정한 형상을 한참 동안 들여다보니 할머니의 굽은 등이 생각난다. 둔각의 허리가 점점 굽어가자 능선 같은 등뼈가 도드라졌다. 한 줌의 흙마저도 다 씻겨 내린 설악산 공룡 능선의 바위처럼 튀어나온 뼈마디마다 굴곡진 삶이 드러났다. 썩어가는 나무둥치처럼 마른 가슴과 핏기 없는 얼굴에는 골과 능선이 선명하게 나타났지만, 끊임없이 무엇인가를 전하려 했다. 비록 형상이 왜소하고 초라해도 자리를 떠나지 않는 고주박이처럼 맺혀 있던 사연들을 말하려는 듯 온몸을 뒤척였다.

고향 집 뒤란에 늙은 홰나무가 있었다. 수형이 웅장하고 모양이 단정한 품위 있는 나무였다. 수피가 유난히 검었지만 그렇게 두껍지는 않았다. 이 나무를 심으면 집안에 학자가 나고 큰 인물이 나오며 화목한 가정이 된다는 말에 할아버지께서 심은 나무였다. 자손 대대로 경사가 이어지기를 바라며 심은 나무도 세월의 무게를 견디지 못하고 알살을 드러냈다. 언제부턴가 바람이 불 때마다 곰삭은 육신을 조금씩 날려 보내더니 얼핏 보면 형체도 알아볼 수 없는 그루터기가 되었다.

고주박이도 푸른 시절이 있었다. 큰채와 아래채가 지어지기도 전에 희망과 꿈이 응축된 축복의 땅에 뿌리를 내렸다. 넉넉한 구덩이에 발을 담그고 보호대에 의지하며 하루가 다르게 몸집을 불렸다. 찬바람이 불 때마다 노랗게 물든 단풍이 나비처럼 흩날리고 나면 잠시 숨을 고르기도 했다. 넓은 마당이 만들어지고 흙담이 경계를 분명히 할 때 집안은 온통 젊음이 넘쳐났다. 자라나는 아이들을 지켜보며 올망졸망 모여 있는 공부방도 곁눈질했다. 가끔 황백색 잔꽃을 서창書窓으로 날려 보내면 기다렸다는 듯이 창밖을 내다보며 탄성을 질렀다. 천지가 청춘이고 봄날이었다.

까만 그루터기 하나가 빈집을 지킨다. 둘레를 가늠하기조차 힘들 정도로 썩은 밑둥치만 남아 있다. 종양 같은 혹이 곳곳에 튀어나온 밑둥치는 불에 탄 것처럼 속이 텅 비어 있다. 잎을 내고 열매를 맺을 잔가지도 하나 없지만 쉽게 떠나지 못한다. 아쉬움이 남아 이승에서 머뭇거리는 영혼처럼 어렴풋한 형상으로 자리를 지킨다. 가지도 뿌리도 없는 노쇠한 몸이 아직도 누구를 기다리는지 골목을 내다본다.

담 모퉁이에도 늙은 홰나무를 베어낸 그루터기가 있었다. 옆집도 자식들이 흙에 묻혀 살지 않기를 바라며 심었다. 무섭게 자란 나뭇가지가 아래채를 덮어 그늘을 만들고 좁은 골목을 막아서자 어쩔 수 없이 베어냈다. 그래도 의자 높이의 밑둥치만은 남겨두었다. 지팡이를 짚은 할머니들은 꼭 그곳에 앉아 가쁜 숨을 몰아쉬었다. 나도 물을 길어 오거나 술심부름을 갔다 올 때면 그곳에다 큰 주전자를 올려놓고 한참을 쉬었다. 동네 사람들이 많이 다니는 길목이라 쉬기에는 안성맞춤이었다. 세월이 가자 할머니의 등같이 여위어 가더니 어느 날 뿌리째 뽑혀 나가고 없었다.

그루터기가 되어도 썩을 겨를이 없었다. 나무를 베자마자 바로 뿌리를 캐내 화목으로 사용했다. 나이테가 선명하고 물기가 촉촉한 나무뿌리를 칡 캐듯이 잔뿌리가 나올 때까지 땅을 팠다. 때로는 바위나 굵은 돌이 괭이 날을 무디게 해도 심마니가 되어 끝까지 캐냈다. 문어발처럼 사방으로 뻗은 다리로 버텨도 소용없었다. 적당한 부분에서 자르고 끊어 통째로 뽑으면 잔뿌리들이 붉은 황토를 한 움큼씩 움켜잡은 채 딸려 왔다. 도끼질도 힘들고 나뭇가리 만들기도 어렵지만, 화력만큼은 장작보다 좋을 때가 많았다.

어느 산을 가도 고주박이가 지천으로 널려 있다. 기후변화 때문인지 베지 않아도 저절로 쓰러지고 부러지고 썩어간다.

주변 나무들과 경쟁하다 넘어졌는지 태풍에 굵은 둥치가 부러졌는지 알 수 없지만, 곳곳에 널브러져 있다. 어쩌면 돌아갈 날을 알고 육신을 거두어들이는지도 모른다. 속절없이 늘어나는 가지를 건사하느라 허리 한 번 제대로 펴지 못하고 살다 보니 남은 것은 노쇠한 몸뚱이뿐이다. 사막에 널브러진 낙타의 등뼈처럼 앙상한 몸뚱이가 되어도 자리를 떠나지 않는다. 허덕이는 숨비소리가 끊어질 날이 없어도 자손을 돌보고 늘리는 일만큼은 게을리하지 않았다.

망백을 훨씬 넘긴 어머니가 아직도 자식들을 챙긴다. 검버섯이 가득한 핏기 없는 얼굴이 속은 다 타고 겉만 남았다고 말한다. 외우지 않으면 떠날 것만 같은지 날마다 육 남매의 이름만 되새김질한다. 한창나이의 큰아들을 가슴에 묻고 둘째 아들마저 갑자기 먼 곳으로 떠나자 한동안 시력이 떨어져 앞을 잘 보지 못하고 음식도 삼키지 못했다. 날마다 밭에서 살았다. 곳곳에다 뭔가를 심고 또 심었다. 풀도 없는 밭을 호미로 파고 덮기를 반복했다. 틈만 나면 가슴을 쥐어뜯으며 토해내던 넋두리가 어느 날 흐릿한 정신마저 데려갔다. 두 번이나 경험한 참척의 아픔을 기억에서 지웠는지 지금도 현관을 내다보며 없는 아들의 안부를 묻고 또 묻는다.

평생 하늘만 바라보고 우듬지를 뻗었다. 누가 뭐라 해도 근육질의 몸통을 키우고 팔을 벌려 꽃을 피우고 열매를 맺었다. 수많은 가지만큼이나 뿌리도 황무지나 돌밭을 가리지 않고 땅속을 파고들었다. 때로는 기근을 앞세워 바위도 밀어내며 거세게 밀고 나갔지만, 지금은 제 몸도 지탱하지 못한다. 누구에게나 찾아오는 혈기왕성한 청춘은 길지가 않다. 돌아보면 늙고 병드는 것도 순간이다. 마지막 남은 육신을 내려놓고 열반에 드는 노승처럼 고주박이도 낡고 삭은 영혼마저 바람에 날려 보낸다.

갈라꼬

만세를 부르며 달려온다. 현관문을 열자마자 두 팔을 벌리고 문지방을 넘는다. 얼른 받아 어깨보다 높이 들었다가 꼭 껴안는다. 손녀는 안기자마자 마치 제자리를 찾은 듯 얼굴을 어깨에 착 붙인다. 억지로 목을 돌려 조심스럽게 얼굴을 들여다보니 티 없는 맑은 눈동자가 나를 올려다본다.

주말이면 손녀가 온다. 시간은 조금씩 다르지만 주로 점심 때가 되기 전에 도착한다. 볼 때마다 다른 느낌이다. 다녀간 지 얼마 되지도 않았는데 전혀 달리 보일 때도 있다. 시도 때도 없이 보내오는 사진과 동영상을 날마다 보지만 품에 안는 것과는 비교가 되지 않는다. 어쩌다 눈이라도 마주치면 저절로 웃음이 나오고 소리 없이 웃기라도 하면 새 세상을 만난 것처럼 흥감스럽고 어깻죽지마저 들썩인다. 오물거리는 입을 보고 싶어 껍질 벗긴 포도를 입에 넣어준다. 어찌나 빨리 삼키는지 표정을 볼 겨를조차 없어도 손톱을 세워가며 열심히 벗기는 팔불출 할아비가 되었다.

그날은 새벽부터 대청소에 들어간다. 그냥 쓸고 닦는 정도가 아니다. 소파 커버는 물론이고 바닥에 깔린 패드까지 교체한다. 하루나 이틀밖에 안 된 것도 예외는 없다. 손이 닿는 부분은 특히 신경을 많이 쓴다. 만질 만한 물건은 대부분 치우지만 그렇지 못한 것은 소독한다. 이렇게까지 할 필요가 있나 싶을 정도로 유난을 떨며 구석구석까지 점검 한다. 조금 전에 샤워해도 손녀가 들어서면 다시 손을 씻고 안는다. 그래야 안심하는 눈치다. 시절이 하도 수상하니 어쩔 수가 없다.

아들이 놀란다. 손녀와 놀고 있는 모습이 사뭇 새삼스러운 모양이다. 무겁고 엄한 기억만 갖고 있었는지 다른 가족들을 불러 모은다. 팔이 아파 억지로 업으려고 해도 요령이 없어 마음대로 잘되지 않는다. 등에는 겨우 붙였지만, 제대로 일어날 수가 없다. 허리를 굽힐수록 떨어질 것 같아 더 힘이 든다. 그 와중에 아들내외는 바쁘게 사진을 찍고 동영상도 촬영한다. 언젠가 기억이 사라져 갈 때 다시 보려는지 오늘따라 많이도 찍는다.

사진을 보니 오래전 일이 생각난다. 큰아들이 지금 손녀 정도 되었을 때였다. 잘 자던 아이가 갑자기 깨더니 막무가내로 울었다. 당황한 나머지 업으려고 했지만 쉽지 않았다. 눈여겨

본 적이 없어 업는 방법을 몰랐다. 억지로 잡아당기니 자지러질 듯이 울었다. 한참을 씨름하다 겨우 업고 띠를 맸다. 거울 앞에 서 있다 보니 이 장면을 남겨야겠다는 생각이 들었다. 거울에 비친 아이 업은 모습을 사진으로 남겼다. 그것이 처음이자 마지막이었지만 그 사진 한 장이 어떤 말보다 큰 힘이 될 때가 많다.

손녀 재롱에 시간 가는 줄 모른다. 집에서는 잘 잔다는데 여기만 오면 잘 생각을 않는다. 이제는 손잡고 이 방 저 방을 돌아다니고 베란다에 서서 멀리 지나다니는 자동차 행렬도 보여 준다. 알아듣지도 못하는 외계인 소리를 질러대도 어떤 말인지 대충은 짐작한다. 깜짝 방문은 길지 않다. 갈증이 풀리지도 않았는데 맛보기처럼 얼핏 보여 주고는 갈 채비를 한다. 장난감을 주섬주섬 가방에 담기 시작하면 웃음이 시들고 냉기가 흐른다. 잠시지만 아들 가족은 올 때마다 애틋한 여운을 남기고 간다. 푸른 가을 하늘에 길게 떠 있는 비행운처럼.

한동안 주말마다 고향에 갔다. 일이 있든 없든 이른 새벽이면 집을 나섰다. 전화나 약속은 없었지만, 자식을 기다리는 부모님의 모습이 눈앞에 아른거려 다른 일이 손에 잡히지 않았다. 마을 어귀에 들어서면 굴뚝 끝 연기가 온몸을 흔들며 반기고 골목에는 구수한 된장 냄새가 마중 나와 있었다. 아무리 세월이 흘러도 유년 시절을 보낸 집이라 그런지 대문을 들어서는 순간 마음은 깃털처럼 가벼웠다. 인기척을 내며 현관문을 열어도 어머니의 표정은 잠시 논밭에 갔다 온 사람 대하듯 언제나 무덤덤했다. 그러나 부엌에서 음식을 준비하는 몸놀림만은 바빴다. 불편한 다리라고는 믿기지 않을 정도로 빠르게 움직이고 있었다.

평상시 밥상과는 다르다. 예전에 즐겨 먹던 반찬들이 푸짐하게 올라온다. 무엇이든 그릇이 작게 보일 정도로 수북하게 담겨 있다. 예전처럼 많이 먹지 않는다고 몇 번을 말해도 들은 척도 하지 않는다. 밥상을 물리자마자 언제 삶았는지도 모르는 감자와 옥수수를 한 쟁반 들고 나온다. 잠시도 쉴 틈을 주지 않는다. 아무리 손사래를 쳐도 소용이 없다. 밭에 가서도 마찬가지다. 온갖 채소를 소쿠리마다 가득 채운다. 가져가도 식구가 없어 못 먹는다고 해도 막무가내다.

올 때는 마음대로 왔지만 갈 때는 언제나 눈치를 살펴야 했다. 집 청소까지 다 끝내고도 가겠다는 말은 선불리 꺼내지 못했다. 중천에 매달린 해가 서산을 향해도 마찬가지였다. 새벽잠을 설치고 안 하던 농사일을 하다 보니 점심을 먹고 나면 온몸이 노곤했다. 피로가 몰려와도 내색할 수가 없었다. 무심한 듯 TV를 보다가 양말만 신어도 물끄러미 바라보던 어머니가 들릴 듯 말 듯 묻는다.

"갈라꼬?"

선뜻 대답이 나오지 않는다. 어떻게 할지를 묻는 것이 아니라 온 지 얼마 되었다고 벌써 가려느냐고 묻는 말이기 때문이다. 얼굴도 제대로 보지 못했는데 스치듯 왔다 가느냐는 질책으로 들린다. 짧고 단호한 한마디에 아쉬움과 섭섭함이 다 들어있다. 살갑던 분위기와 밝은 표정이 빠르게 식었다. 밭에서 재배한 갖가지 채소를 말없이 종이 가방에 담고 있지만 이렇게 빨리 갈 거면 뭐하러 왔느냐고 말하는 것 같았다.

직감적으로 알아챘다. 돌아갈 채비를 서두르기는커녕 일어서지도 않았는데 정곡을 찌른다. 말은 짧지만 이렇게 가면 안 된다는 완곡한 표현이다. 가끔은 속마음을 들킨 것 같아 적잖이 당황스럽다. 시치미를 떼거나 딴죽을 피워도 소용이 없다. 어차피 붙잡을 수 없다는 것을 알면서도 보내야 하는 허전함 때문이다. 엄포성인 줄 알면서도 떠나면 다시 못 볼 것처럼 다시 주저앉은 적도 많다.

지금 고향에는 빈집만 있다. 열기를 내뿜던 굴뚝은 거미줄에 막혔고 인적 없는 마당에는 잡풀만 무성하다. 대문을 열자 놀란 고양이 새끼들이 이방인 보듯이 빤히 쳐다본다. 주춤 걸음을 멈추자 따라 들어온 한 줄기 바람이 마당에 내린다. 오늘도 여느 때처럼 잠시 머물다가 돌아갈 생각부터 한다. 모든 인간이 다 그렇듯 오면 갈 생각부터 한다.

서생원의 한숨

세상이 빠르게 변한다. 어찌나 숨 가쁘게 변하는지 종잡을 수가 없다. 어떻게든 따라가려고 발버둥쳐 보지만 역부족일 때가 많다. 정신없이 허우적대다 보면 가끔은 세상이 낯설게 느껴지기도 한다. 인심이 각박해질수록 정겹게 토닥거리며 북적대던 때가 그립다.

집마다 식구가 많았다. 산아제한을 하지 않고 연달아 자식을 낳다 보니 삶이 만만치 않았다. 밤낮 가리지 않고 열심히 물어 날라도 입에 풀칠하기도 힘들었다. 밖에만 나간다고 먹을 것이 생기는 것은 아니었다. 어떤 날은 종일 산과 들을 누벼도 빈손으로 돌아올 때가 많았다. 직접 농사를 짓지도 않고 사냥 솜씨도 없다 보니 공치는 날이 많을 수밖에 없었다.

목숨 걸고 먹거리를 구하러 다녔다. 가끔은 남의 눈을 피해

양상군자가 되기도 했다. 자식들이 배고프다고 보채면 앞뒤 생각할 겨를이 없었다. 철없는 아이들이 맑은 눈망울로 말없이 쳐다보면 밤일도 나가야 했다. 해 본 사람은 알겠지만, 밤이슬 맞는 일은 쉽지가 않다. 곳곳에 위험이 도사리고 있어 한순간이라도 방심하면 목숨을 잃을 수도 있다. 나이가 들수록 자주 다니던 길로만 다녔다. 힘들어도 아들딸을 생각하면 못할 일이 없었다.

약자는 강자를 위해 살아간다. 꿈자리가 뒤숭숭하거나 몸 상태가 좋지 않을 때는 쉬는 게 상책이나 목구멍이 포도청이라 나서지 않을 수가 없다. 억지로 나섰다가 실수로 크게 다치거나 죽어도 사망 보험이나 산재 처리도 되지 않는다. 누구나 마음 놓고 편히 살 수 있는 복지국가를 지향한다고 선전해도 알고 보면 힘 있고 가진 자들에게 해당하는 말이다. 동서고금을 막론하고 약육강식의 세상이 아닌 적은 한 번도 없었다. 강한 이빨과 날카로운 발톱을 뒤로 숨긴 채 내 목숨을 노리는 자는 묘猫공만이 아니다.

며칠 전, 앞집에서 통곡 소리가 났다. 어미가 집을 비운 사이 새끼가 사라졌다고 난리였다. 자주 있는 일이라 소식을 들은 친지들만 조문을 왔다. 나도 며칠 전에 죽다가 살아났다. 눈도 뜨지 않은 아이들을 잠재우고 바람 쐬러 나갔다가 곤욕을 치렀다. 갑자기 초등학생쯤 되어 보이는 사내아이들이 죽을힘을 다해 쫓아왔다. 밟히면 죽을 것 같아 논바닥을 갈지자로 뛰었다. 얼마나 당황했는지 늘 들락거리던 논두렁 구멍도 잘 보이지 않았다. 젖 먹던 힘까지 짜내 복근 운동을 하고 나니 배가 아파 숨도 제대로 쉴 수가 없었다. 지금도 그 생각만 하면 가슴이 벌렁거리고 다리가 벌벌 떨린다.

오래전 일이 생각난다. 오일장에는 흉흉한 소문이 돌았다. 초등학교에서 서생원의 꼬리를 가져오라고 했다. 이해가 되지 않았다. 소꼬리는 꼬리곰탕이라도 해 먹지만, 살도 별로 없는 짧은 꼬리는 어디에다 쓰려고 모을까 싶었다. 돌아오다 골목에서 아이들이 하는 이야기를 듣고서야 헛소문이 아니라는 것을 알았다. 무조건 한 사람당 다섯 개 이상 쥐꼬리를 가져오라고 했다면서 덩치가 좀 큰놈은 이미 세 개는 구해놨다고 자랑했다. 도대체 우리가 뭘 그렇게 잘 못했기에 꼬리를 잘라 간다는 말인지 기가 찼다. 임진왜란 때 일본 놈들이 조선 사람의 귀나 코를 잘라 갔다는 이야기는 들었어도 이런 이야기는 처음이었다. 더구나 순진무구한 아이들에게 남의 꼬리를 잘라 오라고 시킨 어른들의 생각이 한심스러웠다.

서생원은 열두 지신支神 중에 첫 번째로 꼽힌다. 세상 모든 포유동물 중에서 가장 왕성한 번식력을 갖고 있고 지구상에 남아 있는 종족만 해도 이천에 가깝다. 포유류의 삼 할을 차지할 정도로 숫자가 많아도 언제나 홀대를 받는다. 농작물에 손대고 병균을 퍼뜨린다고 간신과 수탈자로 묘사되고 태산명동에 서일필이라며 하찮음의 대명사로 취급받는다. 심지어 종아리 근육의 경련이나 수축 때문에 생기는 통증도 쥐가 내린다고 할 정도로 무시당한다.

힘없는 백성처럼 일방적으로 당하고만 산다. 너무 많이 당하다 보니 대적하는 방법도 모른다. 낮에는 날쌘 고양이나 솔개 같은 날짐승을 보면 도망가거나 숨고 밤에는 올빼미나 부엉이 같은 맹금류의 눈을 잘 피해야 살아남는다. 가장 잔인한 적은 인간들이다. 좋아하는 음식에다 극약처방을 하지 않나 가는 곳마다 틀을 놓고 함정을 만든다. 그것도 모자라 고성능 접착제를 길에다 발라두는 바람에 두 눈 빤히 뜬 채로 당하기도 한다. 그뿐만이 아니다. 먹거리를 걸어두고 종일 쳇바퀴를 돌리게 하거나 실험용으로 잡아가 신약과 유전자를 개발한다며 날마다 주삿바늘을 찔러댄다. 질이 나쁜 아이들은 남의 목숨을 갖고 별별 장난을 다 치기도 한다.

며칠 전, 뒷집 친구도 저세상으로 떠났다. 먹거리를 구하러 민가에 들어갔다가 변을 당했다. 단내 풍기는 고구마를 보고 달려갔다가 틀에 갇히고 말았다. 입에 무는 순간 느낌이 이상해 바로 돌아섰지만, 철커덕 문이 잠기고 말았다. 사력을 다해 문을 밀치고 날카로운 이빨로 물어뜯었지만, 소용이 없었다. 철사를 잡고 흔들수록 몸만 점점 지쳐갔다. 철창을 사이에 두고 뒤따르던 아내와 손을 잡고 얼굴을 맞댄 채 눈물만 흘렸다. 다음날 새벽 해가 뜨기도 전 쇠죽통에 수장되었다는 소문이 쫙 퍼졌다.

늘 힘든 것은 아니었다. 한때는 산과 들을 누비며 마음껏 돌아다녔다. 가는 곳마다 먹거리가 널려 있었다. 아무리 튼튼하게 지은 곡식 창고도 마음만 먹으면 내 집처럼 들락거렸다. 흙이나 나무로 만든 곳은 몇 번만 갉아도 구멍이 생겼다. 밤송이로 막아 놓은 곳도 있었지만 그 정도는 아무런 장애가 되지 않았다. 가끔은 천장 위에도 올라갔다. 사람들이 잠들만 하면 우당탕거리며 장난을 쳤다. 기분이 나쁘면 똥오줌도 그곳에서 해결했다. 천지에 가지 못할 곳이 없고 먹지 못할 음식도 없었다. 그때가 봄날이었다.

지금은 많이 달라졌다. 먹고 사는 것도 예전 같지가 않다. 가는 곳마다 천적들이 도사리고 있다. 며칠 굶은 길고양이가 곳곳에 매복해 있고 똬리를 튼 뱀은 끊임없이 혀를 날름거리며 뭔가를 찾고 있다. 생각만 해도 오금이 저린다. 땅에만 있는 것이 아니다. 하늘에는 엄청난 시력의 온갖 맹금류가 밤낮을 가리지 않고 땅 위를 감시하고 있어 마음대로 나갈 수도 없다. 천지가 콘크리트로 변하면서 내 집처럼 들락거렸던 부엌이나 곡식 창고는 물론이고 한때 아지트였던 지붕이나 천장도 다니기 어려워졌다. 게다가 친환경을 핑계로 남은 음식물마저 잘 버리지 않아 시궁창에도 먹을 것이 없어진 지가 오래다.

종족보존에도 비상이 걸렸다. 출산율이 예전 같지가 않다. 삼신할머니가 점지해준 자식을 축복이라 생각지 않는지 많이 낳지를 않는다. 힘들어도 업보로 생각하며 살붙이들이 오순도

순 모여 살던 때는 기억 속에만 남아 있다. 이대로 가면 대가 끊기는 것은 시간문제라는 생각이 든다. 죽어서 조상 뵐 생각에 밤잠을 설칠 때가 많다. 이래저래 한숨만 길어진다.

영여靈輿

상가喪家의 새벽은 일찍 찾아든다. 밤새워 밝히던 등불이 희미해진다. 출상을 준비하는 몸들이 바쁘게 움직이지만 가급적 말은 삼간다. 가끔 들리는 목소리도 낮게 깔린다. 모두가 자세를 낮추고 적막한 아침을 맞는다. 먼 곳으로 망자를 떠나보내는 시간이 다가온다.

마을 주변은 녹색이 짙어졌다. 언 땅에 발을 담그고 눈바람을 이겨낸 보리가 바람에 일렁인다. 봄의 끝자락이라 배부른 보리는 생명의 씨앗을 만든 후 여름이 오기 전에 떠나려고 한다. 무더운 여름에 자라나 가을이면 알곡을 내놓는 다른 식물에게 자리를 내줘야 하는 보리는 한 생을 마감할 준비를 한다.

꽃배 하나가 푸른 물결을 헤치고 앞으로 나아간다. 넘실대는 보리밭 사이로 온갖 꽃들이 하늘거리며 천천히 지나간다.

사공의 노랫소리에 떠나가는 선단 같은 꽃배가 천천히 푸른 보리밭을 가른다. 만선의 기쁨을 알리는 깃발처럼 만장이 펄럭인다.

작은 꽃가마 하나가 명정 뒤에 가만히 줄을 선다. 망자의 영혼인 혼백을 실은 영여다. 주검을 싣고 가는 상여는 용과 봉황, 모란, 연꽃 모양 등으로 화려하게 장식한다. 살림이 넉넉하고 자식이 많을수록 상여는 만장을 휘날리며 요령꾼의 선소리 속에 떠나지만, 영여는 빈부 차이를 두지 않고 누구에게나 같은 모양이다. 영여는 시신을 땅에 묻고 상여와 만장이 다 탈 때까지 지켜보고 집으로 돌아온다. 만장과 꽃상여가 대열에 합류하자 상주와 백관 뒤에 조문객이 길게 늘어선다. 상주들은 주검이 누워 있는 상여를 붙잡고 통곡을 한다. 출정식을 앞둔 상두꾼들이 힘 고르기를 할 때면 곡소리는 절정을 이룬다.

영여가 망자의 혼백을 싣고 떠날 준비를 한다. 쉽게 자리를 뜨지 못한다. 한 번 가면 다시 올 수 없는 길이기에 집 구석구석을 천천히 둘러본다. 많은 사연을 간직한 안채나 사랑방은 더 오래 바라본다. 감나무나 대추나무에도 눈길을 주고 외양간의 소에게도 작별을 알린다. 나무들이 이파리를 가늘게 떨면 덩치 큰 소의 눈에는 물기가 맺힌다. 긴 세월 드나들던 사립문을 천천히 나서며 하직 인사를 한다.

꽃가마를 타고 골목을 들어온 지 얼마였던가. 어디로 가는

지도 모르고 탄 가마는 산을 넘고 내를 건너 이 길로 들어왔다. 본 적도 없는 지아비의 얼굴을 상상하며 긴장과 설렘 속에서 들어왔던 길이다. 가마가 어떤 것인지도 모르고 그저 남들처럼 봄바람을 타고 들어왔다. 한 번 들어오면 쉽게 나갈 수 없는 통발처럼 삶도 마음대로 할 수 없는 곳인 줄 몰랐다.

삶의 무게가 더해 갈수록 가마가 지나온 길은 그리움으로 변했다. 그곳으로 다시 돌아갈 수 없음에 마음을 추스르기조차 힘들었지만 질곡의 세월을 참고 헤쳐 나왔다. 영어의 몸이 되어도 마음만은 수도 없이 이 길을 드나들었다. 힘들 때마다 어디론가 떠나려 했지만 돌아올 수밖에 없었다. 이제야 떳떳하게 그 길을 밟고 간다. 이승에서 맺은 인연을 떨쳐버리고 잠시 떠났던 그곳으로 다시 돌아간다. 어떤 길인지 알지만 또 가마를 타고 나간다.

상가의 새벽은 분주하다. 젊은이들은 상여의 뼈대를 끼워 맞추고, 목관에 글을 쓰는 어른들은 먹을 갈고, 백관들은 마당에 멍석을 까느라 바쁘게 움직인다. 부엌은 더했다. 친척들이 가져오는 술과 떡을 제자리에 놓고, 준비해 둔 돼지고기로 수육을 만들고 붉은 선지가 입맛을 돋우는 쇠고깃국을 끓인다. 음식 준비가 끝나기도 전에 거지 떼가 골목과 마당에 진을 친다. 거지 떼가 모여들면 슬픈 상가도 잔칫집처럼 완성된다.

푸짐한 음식이 상두꾼 앞에 나온다. 고급 담배와 흰 장갑이 든 비닐봉지도 조심스럽게 전해진다. 상주도 백관도 모두가 상두꾼부터 챙긴다. 상두꾼이 애를 먹이면 장례식은 순조롭게 진행되지 않는다. 잘 대접해도 관례처럼 몇 번은 애를 먹인다. 하관 시간이 다가오면 상주들은 애가 탄다. 조금이라도 대접이 소홀하면 상여는 마당을 쉽게 떠나지 않는다. 이래저래 마지막 장지로 가는 망인의 길은 순탄치 않다.

몸 부조하는 아이들도 있다. 경험이 많고 눈치 빠른 아이들은 운아삽雲亞翣부터 챙겨 든다. 간짓대 같은 대나무 끝에 한 글자가 적힌 제일 가벼운 것이라 언제나 경쟁이 치열하다. 그 다음이 만장이다. 만장은 친척이나 지인들이 애도하는 마음을 담은 깃발이라 개수가 많다. 관직과 성씨 등을 다홍색 천에다 쓴 명정은 관을 덮는 두껍고 큰 것이라 깃대가 휘청거릴 정도로 무겁다.

붉은 명정이 널을 덮는다. 이승에서 가졌던 직함을 적은 것이라 저승에서는 명함 같은 것이다. 또 다른 세상으로 들어갈 준비가 완료되면 더는 머무를 명분이 없어진다. 무조건 떠나야 한다. 다시는 돌아올 수 없는 먼 곳으로 떠나는 마지막 길이 된다.

관 위에 아버지의 눈물이 떨어진다. 모두가 상주의 굵은 눈물이 떨어진 관을 내려다보며 숨을 죽인다. 조잘거리던 산새도 나무를 울리던 바람도 잠시 숨을 멈춘다. 보드라운 흙 한 줌이 바람을 타고 눈물을 덮는다. 명정 위에 뿌려지는 흙이 관을 두드리자 목관에서 소리가 난다. 가늘게 이어지던 곡소리도 호곡으로 변한다. 쌓여 가는 흙을 바라보던 백관도 조문객도 눈시울이 붉어진다. 흙이 비 오듯 쏟아지자 명정의 붉은 색도 망자의 직함도 사라진다. 작은 역사 하나가 땅속에 묻힌다.

할머니가 돌아가셨다. 팔순을 넘기고 얼마 되지 않아 먼 세상으로 떠나셨다. 조선 시대에 태어나 일제 강점기를 참아내고 한국전쟁 때도 흔들리지 않았던 할머니였다. 질곡의 세월은 잘 견뎌냈지만 병석은 털어내지 못했다. 평소 잔병치레 한번 하지 않았지만 찾아온 노환은 어쩔 수가 없었다. 어떤 험한 일이 닥쳐와도 끝까지 맞섰던 할머니도 죽음은 이겨내지 못했다. 많은 재물을 모았지만 바람처럼 그물을 빠져나간 뒤였다.

살아 있는 누구도 때가 되면 떠나야 한다. 죽음 앞에서는 지위도 명예도 소용없고 부자든 가난한 사람이든 차별이 없다. 잠시 주어진 무대의 배역에 매달려 허둥대다 모든 것을 다 내려놓고 떠나간다. 꽃가마 하나가 보리밭을 지나 한 점이 된다.

철, 철, 철

철(Ⅰ)

첫째 의미는 계절이다. 사전에는 규칙적으로 되풀이되는 자연현상에 따라 일 년을 구분하는 것이라고 되어 있다. 하지만 지역에 따라 차이가 있어 명확하게 구분 짓기는 어렵다. 해마다 찾아오는 계절이지만 늘 새로운 얼굴로 다가온다.

매화가 봄을 터뜨린다. 겨울을 빨리 보내고 싶은지 꽃망울만 부풀어도 봄이 왔다고 호들갑을 떤다. 잎보다 꽃이 먼저 봄소식을 전하지만, 살을 에는 찬바람은 쉽게 물러가지 않는다. 처마 끝에 앉은 제비가 더위를 퍼뜨리면 피를 토하듯 울어대는 매미 소리가 여름을 밀어내고, 가을 풀벌레 소리가 요란해지면 어김없이 기러기 떼가 찬바람을 몰고 온다.

철은 끊임없이 흐른다. 누가 뭐라 하든 묵묵히 지나간다. 속도의 차이는 있어도 한 번도 멈춘 적은 없다. 온다느니 왔느니 하다 보면 어느새 가버리고 없다. 언제나 밤눈처럼 조용히 왔다가 봄눈처럼 소리 없이 사라진다. 절기를 만들어 계절의 표준으로 삼지만, 때로는 이상 기온이 태풍과 가뭄이 어깃장을 놓기도 한다. 그래도 농부들은 청명이면 못자리를 만들어 망종이면 모를 심고 처서가 올 때쯤이면 풀베기를 마친다.

사철은 인생과 같다. 겨울에 잉태한 봄이 여름이면 성장을 마치고 스산한 가을바람을 따라 떠나간다. 어떤 생명체든 태어나 자라면 씨앗부터 만든다. 하루를 사는 하루살이든 천년을 사는 주목이든 마지막에는 유전자를 남긴다. 비록 시절이 어렵고 힘들어도 끊임없이 생겨나고 없어진다. 누가 가르치거나 시키지도 않았건만 끊임없이 생멸生滅을 반복한다.

인생도 마찬가지이다. 권세와 부귀를 누리던 사람도 때가 되면 자리에서 물러난다. 떠나면 흔적도 남지 않는다는 것을 알면서도 짧은 생을 안타까워한다. 지나고 보면 정처 없이 떠돌다가 사라지는 한 조각구름과도 같다. 남도 잡가의 가사 하나가 생각난다. 철 따라 봄은 가고 봄 따라 청춘가니 오는 백발을 어이할거나. 아무리 애석해 해도 떠난 봄은 겨울이 지나야 다시 온다. 그것이 자연의 섭리이다.

철(Ⅱ)

지금은 철기시대다. 인류가 쇠를 활용한 역사는 매우 길다. 처음으로 녹여낸 것은 기원전 2,000년경으로 알려져 있고, 쇠를 다루는 기술은 기원전 1,200년경 지금의 터키 지역에 있었던 히타이트족에 의해 개발되었다. 철을 다루는 야금 기술이 동양과 서양으로 전파되면서 철기시대가 되었다.

철을 떠나서 살 수는 없다. 좋든 싫든 함께 살아야 한다. 합금이나 열처리 등으로 빠르게 진화하며 점점 생활 깊숙이 파고든다. 철을 대체할 만한 물질은 아직도 발견하지 못하고 있다. 철은 백색 광택에 강성과 가공성이 좋고 값이 싼 금속이다. 지구상에 두 번째로 많이 존재하며 어떤 금속보다 좋은 성질을 많이 가지고 있지만, 쉽게 산화되는 문제점도 있다.

철은 야생마와 같다. 어떤 다른 금속보다 잠재력이 크다. 뛰어난 조련사를 만나면 비루한 야생마도 적토마가 될 수 있듯이 쇠도 마찬가지다. 은금 같은 귀금속은 녹이 슬지 않아 장신구나 장식용으로 사용되지만, 철은 병기나 농기구는 물론이고 기계장치 어디에도 사용된다. 강직한 성격만큼이나 충직하다. 잘 다루면 원하는 성질과 형상을 자유롭게 얻을 수 있는 금속이다.

철이 들기도 전에 대장간을 보았다. 시퍼런 불꽃이 달군 쇠는 대장장이의 망치질에 힘 한 번 쓰지 못하고 낫이나 호미가 되었다. 제아무리 단단한 쇠뭉치도 별 저항 없이 몸을 맡겼다. 붉게 녹슨 도끼나 괭이도 예외가 아니었다. 대장장이는 불꽃이나 쇠붙이 온도를 눈짐작으로 판단하는 장인들이었다. 지금도 압연기로 만든 매끈한 칼보다 망치 자국이 파도처럼 물결치는 무쇠 칼에 눈길이 오래 머문다.

오랫동안 쇠를 다뤘다. 어느 정도는 안다고 생각했다. 마치 속을 들여다보고 있는 것처럼 자신 있게 설명하고 가르쳤다. 때로는 실험하고 공장을 찾아다니며 확인하기도 했다. 눈으로 볼 수 없는 내부를 확대한 현미경 사진과 어려운 수식을 사용해가며 관련 서적도 몇 권이나 썼다. 국내는 물론이고 국제 학술대회에도 참가해 이론과 실무를 겸비한 학자처럼 논문을 발표했다.

허세고 욕심이었다. 얼마 전, 철과 관련된 책과 논문집 대부분을 버렸다. 수십 년 공부하면서 쌓아 두었던 자료도 재활용품 리어카에 실어 보냈다. 생각해보면 보잘 것 없는 지식을 떠벌리고 다니며 많이도 거들먹거린 것 같았다. 요란한 빈 수레처럼. 책장을 비우자 마음이 가벼워진다.

철(Ⅲ)

철 좀 들라는 말을 “Grow up”이라고 한다. 직역하면 어른이 되라는 말이다. 어른에게 어른이 되라든가 철 좀 들라고 하면 무시하거나 심한 비난이 된다. 사리에 맞지 않는 행동을 하면 철없는 행동이라고 한다. 철없는 행동을 했다고 말하면 자신의 잘못을 인정했다고 생각하고 대부분 용서한다.

철은 사리를 분별하는 힘이다. 어떤 사람은 철 따라 농사를 제대로 짓지 못하는 데서 철이 없다는 말이 생겨났다고 한다. 철에 맞는 행동을 하면 철이 든 것이고 엉뚱한 일을 하면 철이 없다고 한다. 겨울에 논을 갈고 못자리를 만들면 철이 없는 것이고 이른 봄에 못자리를 만들면 철이 든 행동이라는 데서 왔다고 한다. 한마디로 일 처리를 잘못한다는 뜻으로 파생되었다는 주장도 있다. 생물학적으로 철든다는 것은 추론하고 계획하며 감정을 억제하는 일을 주로 맡는 전전두엽의 성장과 관련이 있다는 설도 있다.

철이 일찍 들어도 문제다. 당연히 아이들은 늘 철없다는 말을 듣는다. 철이 없다는 말은 오천 년 전에도 있었다. 이집트의 오벨리스크에도 요즘 아이들은 버릇이 없고 철이 없다는 말이 새겨져 있다고 한다. 어린이는 어린이다워야 한다. 어린 나이에 심하게 세파에 시달리다 보면 제대로 성장하지 못한다. 모르는 게 약이라는 말도 있듯이 지나치게 조숙한 아이들은 스스로 번민을 불러와 고뇌의 늪에서 헤어나지 못하고 힘들어한다. 세상일은 고민한다고 해결되지 않는다. 시간이 지나면 저절로 치유되는 경우가 더 많다.

철들면 죽는다는 말도 있다. 늘 부족함이 많다는 뜻이다. 인간은 영원히 실수를 연발하며 사는 존재라는 말이다. 덤벙대거나 실수하지 않고 일을 잘 처리하면 철들었다고 하다가도 부족한 부분이 조금만 보이면 언제 철들겠냐며 몰아붙인다. 나이 들어도 사리 분별을 못 하는 철없는 사람이 새겨들어야 할 경구警句이다.

예나 지금이나 천방지축으로 날뛰는 사람이 많다. 한 줌도 안 되는 재력이나 권력을 믿고 경거망동하는 사람들이 늘어간다. 가는 곳마다 패거리를 만들어 세상을 어지럽게 하는 사람들이 활개 친다. 망둥이가 뛰자 꼴뚜기도 덩달아 뛰는 어물전 같은 세상이다. 모름지기 사람은 분수에 맞게 살아야 한다고 하지만 그렇게 살기란 참 어렵다.

4부

득음得音

매미 소리가 요란하다. 햇살이 두터워질수록 더 크게 울어 댄다. 더위가 짙어지자 갖가지 음색과 장단으로 뜨거운 생을 토해낸다. 여름이 가기 전에 해야 할 일이 남았는지 절박감마저 묻어난다. 누가 먼저랄 것도 없이 경쟁하듯 질러 대는 소리에 점차 목이 잠긴다.

지리산 달궁達宮 계곡을 찾아갔다. 장마가 끝난 평일이라 주차장은 텅 비었고 노고단에서 뻗어 내린 깊은 계곡에는 맑은 물살이 세차게 굽이쳤다. 며칠 동안 쏟아진 장맛비로 불어난 물이 급류를 이루며 바위를 돌아 콸콸 흘러내렸다. 비 온 뒷날이라 풀잎마다 생기가 돌고 머리를 치켜든 칡넝쿨이 사방을 두리번거린다. 골짜기에는 널브러진 바윗돌과 크고 작은 소沼들이 연이어 나타난다.

그늘에 앉아 잠시 숨을 돌린다. 갈참나무 이파리를 비집고 내려온 햇살이 무릎 위에 살포시 내려앉는다. 시끄럽게 우는 매미 소리가 잦아들자 흘러가는 물소리도 고요한 계곡의 정적 속에 가라앉는다. 사방에 늘어선 나무와 치솟은 바위 능선은 미처 빠져나가지 못한 안개에 가려 희미한 형상만 드러낸다. 바위에 걸터앉아 먼 산에 걸린 흰 구름을 바라보니 한 폭의 수묵화를 보는 듯하다.

어디선가 노랫소리가 들린다. 가늘고 맑은 목소리인 걸 보니 성대를 다듬고 있는 것 같다. 판소리는 오장의 소리를 농락하는 성음 놀이라 지나치게 거친 떡목이나 너무 맑은 양성은 사설의 이면을 그려내지 못한다. 탁하면서도 맑고 거칠지만 부드러운 맛이 나는 곰삭은 목소리가 여러 역할을 소화하는 데 적합하다. 소리가 들렸던 쪽으로 조심스럽게 다가갔지만, 어디에도 사람의 모습은 보이지 않는다. 한 소절이라도 끝까지 이어가면 찾을 수 있을 것 같은데 음 높이를 잡는지 목을 푸는지 들릴만하면 끊어진다.

원하는 목소리를 얻는 것은 득도와 같다. 아무나 미혹의 세계를 넘어 깨달음의 경지에 이르지 못하듯이 원하는 목소리를 얻는 데는 생사를 넘나드는 고통이 따른다. 수많은 날밤을 번뇌와 싸우며 육신의 껍질을 벗어버리고 새로운 정신세계에 이르는 수도자의 과정을 거쳐야 한다. 많은 사람이 그 길에 들어서지만, 끝까지 가는 이는 드물고 간다고 해도 원하는 답을 얻지 못하는 경우가 많다. 목을 다듬는다며 이름난 산과 강을 찾아다니는 사람은 많아도 좋은 목소리를 가진 소리꾼은 많지가 않다.

한동안 계곡의 급류를 내려다본다. 폭포처럼 힘차게 흘러가는 물소리가 점차 매미 소리에 묻힌다. 빨래판 같은 복근을 움직이며 피를 토하듯 악을 쓰는 매미 소리를 뚫고 또 소리가 들려온다. 잽싸게 소리 나는 곳을 살펴보니 큰 바위 밑에 사람이 보인다. 폭포와 맞서 고함을 지르는 사람은 나이 어린 학생 같았다. 바위를 두드리며 애절하게 부르는 소리는 〈춘향가〉의 눈 대목 '쑥대머리'였다. 몸을 비틀고 머리를 흔들며 단전에 기를 모으고 목청을 가다듬는다. 죽을힘을 다해 날개돋이하는 매미처럼 처절하게 소리의 허물을 벗고 있다.

허물을 벗는 것은 새롭게 태어나는 것이다. 매미는 수년 동안 애벌레로 살아가다 우화의 과정을 거쳐 성충이 된다. 다시 태어나려면 말할 수 없는 아픔을 견뎌내야 한다. 세상 어디에도 고통 없이 태어나는 것은 없다. 진정한 소리꾼이 되려면 긴 세월 땅속에서 인고의 세월을 보낸 매미의 애벌레처럼 내공을 쌓아야 한다. 타고난 성음을 버리고 새로운 목소리를 얻는 것은 애벌레가 날개를 다는 것만큼이나 힘든 과정이다.

목청이 좋아야 소리가 산다. 아무리 인물이 출중하고 너름새가 좋아도 성음이 우선이다. 우렁차고 탁 트인 청이 아니면 관객의 공감을 얻기 어렵다. 많은 사람이 소리꾼을 포기하는 것도 그 때문이다. 상처 난 성대에 굳은살이 앉아야 상청과 하청을 마음대로 들락거리고 도깨비 울음소리나 귀신을 불러들인다는 바람소리도 낼 수 있다. 감싸듯 보드랍게 어루만지다가도 불처럼 달려들고 도도하게 흐르는 강물처럼 밀고 가다가도 천둥과 벼락을 동시에 몰고 올 수 있어야 청중이 공감한다. 귀명창은 많아도 진정한 소리꾼이 드문 것도 그 때문이다.

몇 해 전부터 판소리를 배우러 다닌다. 알 수 없는 매력에 빠져 가끔 따라 불렀지만 마음에 차지 않았다. 긴 사설을 외우고 장단을 맞추는 것보다 소리의 맛을 낼 수가 없었다. 점차 자신감을 잃어가면서 남 앞에 서는 것이 두려워졌다. 아무리 흉내를 내도 제대로 된 가락을 탈 수가 없었다. 더는 미룰 수가 없어 수소문 끝에 소리 선생을 찾아갔다. 그렇게 시작한 소리 공부는 몇 해가 지났지만 잘 익은 김치처럼 깊은 맛을 내지는 못한다.

일 년 정도면 충분할 줄 알았다. 흥얼거리는 민요가 많아 몇 달이면 단가 몇 곡은 확실하게 부를 수 있을 것 같았다. 무엇보다 우리 가락에 대한 자신감이 넘쳤다. 대학 때 농악을 배웠고 민요를 많이 부르다 보니 어디를 가도 남도소리 몇 곡은 읊을 수 있었다. 모임에 가면 마치 소리꾼이라도 된 것처럼 서슴없이 나섰고 무대를 두려워하지도 않았다. 범 모르는 하룻강아지처럼 제대로 알지도 못하면서 언제나 겁 없이 흉내를 냈다.

판소리는 민요와 완전히 달랐다. 광대 한 사람이 고수의 북 장단에 맞춰 서사적인 사설을 노래와 말과 몸짓으로 나타내는 종합예술이었다. 목청만 잘 다듬어 소리를 하면 되는 것이 아니었다. 유행가처럼 노래만 부르는 것이 아니라 혼자서 여러 역할을 소화하고 사설의 내용을 정확히 전달하는 만능 연기자였다. 무엇보다 어려운 것은 다양한 수준의 청중과 끊임없이 교감하는 일이었다. 때로는 즉흥적인 가락으로 공감대를 만들고 시들해지는 불씨마저 살려야 하는 판소리는 혼의 소리 같았다.

지난가을, 폭우가 내린 다음 날 우연히 폭포 앞에 섰다. 힘차게 떨어지는 폭포 소리에 맞서 고함을 질렀다. 아랫배에 힘을 주고 목청껏 고함을 쳤지만 우렁찬 폭포 소리에 묻혀 나에게조차 들리지 않았다. 현기증이 날 정도로 크게 소리를 질렀으나 마찬가지였다. 어설프게 소리꾼의 흉내를 냈지만 사설과 장단은 폭포 속에 묻히고 흩날리는 물보라에 몸만 젖어갔다. 폭포 소리를 이겨낸 명창들의 목청은 명산대천을 찾아다니며 피를 토한 고통의 산물이라 하지 않던가. 내겐 아직 아니었다.

판소리에서 가장 중요한 것은 성음이다. 성음을 자유자재로 구사해 사실을 제대로 그릴 수 있는 완성된 목소리를 얻어야 소리꾼이 된다. 모든 소리를 자연에 가깝게 묘사할 수 있어야 숨은 뜻도 전달할 수 있다. 수없이 목이 잠겼다 풀리기를 반복하며 만들어진 상처 난 성대가 폭포를 타고 하늘도 뚫을 수 있는 소릿길을 만든다. 그런 웅장한 목소리를 얻는 것이 득음이다.

득음은 새로운 세상을 여는 것이다. 스스로 껍질을 벗지 못하면 매미가 될 수 없듯 버려야 도달할 수 있다. 평생 수도자의 길을 가면서도 깨달음을 얻지 못하는 사람이 많은 것처럼 피를 토한다고 진정한 소리꾼이 되는 것은 아니다. 죽음보다 더한 고통을 넘어서야 삶의 희로애락을 소리로 나타낼 수가 있다. 세상 어떤 일도 바닥을 치지 않고 일어서는 것은 사상누각에 불과하다.

매미가 소리와 싸운다. 내일이면 명이 다하는 줄도 모르고 단전에 힘을 주고 공명통을 울려 득음의 경지를 펼친다. 어떤 명창보다도 여름을 뜨겁게 물들인다.

뜬쇠, 소리비에 젖다

전율에 숨소리마저 잦아든다. 노련한 손놀림이 다독이자 육신의 떨림이 가늘게 전해진다. 끈을 걸친 왼손 엄지를 한 바퀴 돌리자 바로 온몸을 맡겨온다. 집게손가락으로 전두리를 받치니 햇살에 반짝이는 만월이 되어 환하게 웃는다. 오랜 세월 기다렸다는 듯 금세 한몸이 된다. 진폭을 키운 파장이 성난 파도가 되어 소용돌이치면 쇠도 쇠재비도 땀범벅이 되었다.

국립국악원을 찾아가다 한곳에 눈길이 닿았다. 인적이 끊긴 듯 열기에 지친 광장은 우람한 건물들이 둘러싸고 있었다. 넓은 공터에 펼쳐진 멍석에는 동그란 놋쇠 두 개가 나란히 놓여 있었다. 앞뒤 생각할 겨를도 없이 몸이 앞장섰다. 멍석에 앉자마자 본능적으로 놋쇠 하나를 살며시 끌어당겼다. 오랜만에 쇠를 잡았다. 야무지고 단단함이 손끝에 전해지자 오랜 지기를 만난 듯 반가웠다. 쇠를 손에 걸고도 그리움과 회한이 뒤엉켜 한동안 멍하니 앉아만 있었다. 애처롭고 애틋한 마음이 밀려와 선불리 장단을 칠 수가 없었다. 자세도 가락도 잊은 채 세월의 더께가 버짐처럼 번진 꽹과리만 바라봤다. 화려하고 아름다운 기억마저 풍장처럼 날려 보내고 물끄러미 바라보는 몰골이 목울대를 뜨겁게 했다. 비구름을 몰고 다니며 생명의 소리비를 쏟아내 대지를 적시던 통통하고 반질거리는 얼굴은 어디에도 없었다. 검푸른 이끼를 뒤집어쓴 초라한 모습을 한참 동안 연민의 눈길로 바라봤다.

번개를 치며 하늘의 문을 연다. 긴 세월 학수고대하던 연인을 만난 듯 낮고 느린 장단으로 토닥거리자 기다렸다는 듯 몸을 떤다. 둥근 채가 굴리듯 쓰다듬듯 빗금을 치니 작은 진동이 물결을 이룬다. 아무도 관심을 주지 않는 곳에서 얼마나 기다렸는지 손길이 닿기만 해도 울음보가 터진다. 온기 어린 손가락으로 추슬러보지만, 꺽꺽거리며 무방비 상태로 몸을 기댄다. 빠른 운율로 장단을 이어가자 하늘과 땅을 울리며 점점 구슬프게 운다. 따뜻한 손길이 등을 토닥거리자 얼굴을 파묻고 원망과 환희에 찬 눈길로 쳐다본다. 애잔한 마음이 손끝을 타고 심장으로 전해진다. 참았던 서러움이 전신으로 퍼져나가자 채가 점점 빠르게 움직인다. 크고 작은 진동이 심장을 두드릴 때마다 질곡의 역정이 되살아난다.

얼마나 내리쳤는지 아직도 물비늘 같은 흔적이 곳곳에 남아 있다. 높은음을 내는 수컷과 부드럽고 낮은음을 담당하는 암컷이 바람과 구름을 부르고 번개와 천둥을 친다. 허공을 가르고 땅을 차고 오르는 소리는 어디에서 온 것일까. 가락을 잡아주고 놀이패를 지휘하는 상쇠가 끊임없이 뿜어내는 부쇠의 기본 장단을 희롱하는 짝드름은 누구도 흉내 낼 수 없다. 장단을 밀고 당기고 울음을 막고 터면 고음과 저음이 서로 밀고 보듬고 풀었다 감싸기를 반복한다. 빠른 장단이 앞서가면 느린 장단이 운명처럼 따라가는 화음은 리듬의 으뜸이다. 손가락을 붙였다 떼기를 반복하는 쇠재비도 어느새 나비가 되어 너풀너풀 춤을 춘다. 한바탕 격정적인 사랑놀이 끝에 이어지는 잔잔한 대화가 다시 격류의 소용돌이로 몰고 간다.

둥근 채로 칠 때마다 소리를 낸다. 내려고 낸 것은 아니다. 하얀 손수건으로 입을 틀어막고 흐느끼는 미망인처럼 참으려 해도 새어 나오면 어쩔 수가 없다. 가락을 타던 쇠재비가 손가락을 입술에 살포시 갖다 대며 진정시킨다. 큰 울음이 날 때마다 접지接指를 반복한다. 나무 채가 단단한 육신에 닿을 때마다 가슴에 꾹꾹 눌러 두었던 감정을 거침없이 토해낸다. 능수능란한 쇠재비와 놋쇠는 어느새 일체가 되어 무아지경에 빠져든다. 불씨를 살리는 굿거리장단이 파도를 타면 이성의 벽은 힘없이 무너져 내린다.

아무 품에나 들지는 않는다. 마음에 들지 않으면 억지로 끌려가도 입을 다문다. 힘으로 밀어붙이거나 강제로 달려들면 장단도 가락도 없다. 알아주고 믿어줄 때 소통도 가능하다. 비로소 몸속에 저장된 본능적인 소리가 흘러나온다. 명마도 주인을 만나야 제 실력을 발휘하듯 세상 만물이 걸맞은 상대를 만나야 빛이 난다. 함부로 쇠를 다루는 사람을 만나면 깨지고 바스러져도 장쾌한 선율을 내지 않는다. 그러기에 자신을 진실로 알아주는 사람에게는 목숨까지 바친다는 말도 있다. 천지에 어느 것 하나 마음 내키는 대로 마구 다루거나 허투루 대할 수 있는 것은 없다.

휘모리장단이 폭풍우가 되어 몰아친다. 이전 장단과는 비교가 되지 않는다. 어찌나 빠른지 채가 몇 개로 헛보인다. 몸에 새겨놓은 가락으로 허공을 가르며 내려치는 채를 잡은 손에서 눈을 뗄 수가 없다. 진동과 파장이 얽히고설켜 암수 구별도 제대로 되지 않는다. 박석의 뜨거운 열기가 전신으로 번지자 굳었던 근육이 완전히 풀린다. 내외하듯 어색해하던 모습은 사라진 지 오래다. 이제는 누가 먼저랄 것도 없이 서로 소리에 탐닉한다. 뜬쇠가 머리카락을 휘날리며 연체동물처럼 흐느적거린다. 호흡이 빨라지자 떨어지는 땀방울이 쇠를 친다.

짧은 파장이 진폭을 키운다. 번개가 번뜩이고 천둥이 우르릉거리듯 걷잡을 수 없는 파열음을 낸다. 탄력을 받은 채가 오랫동안 뒤집어쓰고 있던 푸른 이끼를 떨어낸다. 꽹과리를 치는 사람도 지그시 눈을 감고 선율에 몸을 싣는다. 단단한 놋쇠의 진동이 가슴으로 전해지자 물아일체의 경지로 향한다.

뚝뚝 떨어지는 땀방울이 허공에 뿌려진다. 동심원을 따라 울려 퍼지는 흐느낌이 통곡으로 변하면 쇠재비도 따라 운다. 고통과 번뇌에 찌든 영혼에 축적된 잡념도 산산이 부서지고 흩어진다.

이제는 멈출 수가 없다. 폭주의 길을 막을 자는 아무도 없다. 일진광풍이 되어 거세게 휘몰아친다. 육신이 지치고 으스러진다 해도 아쉬울 게 없다. 평생 이런 희열을 맛볼 수 있는 날이 다시 오겠는가 싶다. 어차피 오면 가고 가면 다시 오는 법, 무슨 말이 필요하겠는가. 흐르는 강물에 두 번 세수할 수 없다고 했다. 정점을 지난 마지막 장단이 쇠를 떠난다. 허공에 스며들 때까지 정지된 화면처럼 악공은 꿈쩍도 하지 않는다. 격렬하던 장단이 하늘로 향하자 가슴속 번뇌도 바람과 함께 사라진다.

관객 하나 없는 공연이 끝났다. 쨍그랑거리며 영혼을 불러 모았던 마지막 파장마저 허공 속으로 사라지자 무겁게 짓누르던 만 가지 잡념도 눈 녹듯 녹아내린다. 잠시 정적이 흐른 광장은 매미의 핏대 선 울음소리로 다시 채워진다.

눈대목

'사람이 천 냥이면 눈이 구백 냥이다'라는 말이 있다. 그만큼 중요하다는 이야기다. 사물을 바라보고 정보를 알려주기만 하는 것이 아니라 때로는 세상살이의 희로애락을 표현하기도 한다. 사람뿐만 아니라 다른 생물들도 다양한 형태의 눈을 통해 상황을 판단하고 존재감을 드러낸다.

눈은 말보다 순수하고 진실하다. 간혹 불리한 사실을 숨기려다보면 눈빛부터 흔들린다. 거짓말을 하다가도 눈을 똑바로 보고 다그치면 대부분 고개부터 떨군다. 입은 쉽게 거짓말을 해도 양심의 창인 눈은 마음을 속이지 못한다. 때로는 눈만 마주쳐도 무슨 생각을 하고 있는지 짐작할 수 있다. 중대한 사안은 서로 얼굴을 맞대고 의논하는 것도 그 때문이다.

회사 간부였을 때다. 회의 없는 날이 거의 없었다. 회의실에 들어갈 때마다 참석자의 표정부터 살폈다. 곁눈질만 해도 심각한 사안인지 아닌지가 금세 느껴졌다. 어떤 사람은 속마음이 들킬까봐 수첩만 내려 보거나 고개를 돌리고 능청을 떨었다. 상담할 때는 더했다. 완전 눈치 싸움이었다. 본능적인 감각이 실력이나 말주변보다 훨씬 성공 확률이 높았다. 상대방의 의중을 모르고 엉뚱한 말을 꺼냈다가는 다 된 밥에 코 빠뜨리는 격이 되었다. 외국인과 상담할 때도 어설픈 외국어보다 진실한 눈빛이 효과적일 때가 많았다.

한국화를 배울 때도 인물화가 가장 어려웠다. 움직이는 동작은 물론이고 표정을 제대로 나타낼 수가 없었다. 붓질이 조금만 미흡해도 표정이 완전히 달라졌다. 얼굴 중에도 눈이 항상 문제였다. 가장 중요한 부분을 완성 시켰을 때 쓰는 화룡점정이라는 말이 실감났다. 아무리 용의 형상을 잘 그려도 눈이 없으면 이무기보다 못하다. 조선 후기 문인 화가인 윤두서는 자화상을 얼굴만 그렸다. 몸은 완전히 생략하고 두상만 그린 특이한 형식의 자화상이다. 섬세한 필치로 정확하게 묘사한 정기 어린 눈을 보고 있으면 금방이라도 무슨 말을 건넬 것처럼 생동감이 넘친다.

판소리에도 눈이 있다. 한바탕 사설 가운데 없으면 안 되는 핵심 내용이다. 수많은 대목 중에서 골격을 이루는 눈대목은 많지 않다. 소리의 내용상 골격에 해당하거나 관객의 흥미를 끌 수 있는 장면이다. 가장 많이 알려진 춘향가도 크게 보면 사랑과 이별, 수난과 재회의 장면으로 구성되어 있다. 많은 대목이 있으나 주요 대목의 효과를 극대화하기 위한 곁가지 역할이 대부분이다. 수십 개의 대목으로 구성된 춘향가도 눈대목은 손가락으로 꼽을 정도다. 마음대로 조작하거나 뺄 수 없는 대목이라 소리꾼은 최선을 다해 기량을 발휘한다. 한 소절만 들어도 바로 실력을 평가하는 귀명창이 많아 명창들도 사력을 다한다.

눈대목은 필수와 선택으로 나뉜다. 듣고 부르는 사람의 취향에 따라 차이는 있지만, 반드시 들어가는 대목과 포함되었다가 빠졌다가 하는 대목이 있다. 〈춘향가〉의 '어사출도'나 〈심청가〉의 '심봉사 개안', 〈흥보가〉의 '박타령'과 같이 꼭 필요한 내용은 당연한 대목으로 자리 잡고 있으나 〈흥보가〉의 '가난타령'이나 〈적벽가〉의 '군사 설움'은 삭제해도 무방하나 음악적인 완성도가 높아 포함될 때도 있다.

글도 마찬가지다. 눈대목과 같은 기둥의 개수는 정하기 나름이다. 작가가 설계하고 제작하여 서로 연결해야 집의 형태가 완성된다. 수년 동안 글 집을 지으려고 애를 써도 원두막도 제대로 못 짓는 경우가 허다하다. 날마다 고민하고 씨름을 해도 공포인지 서까래인지조차 구분하지 못하고 올렸다 내리기를 반복한다. 어쩌다 기둥을 찾아도 어디에 놓아야 할지를 몰라 이곳저곳으로 들고 다닌다. 한참을 방황하다 보면 방향감각마저 잃고 뒤죽박죽된 부재만 만지작거린다. 어쩌다 기둥을 만들어도 주변 부재들을 맞추지 못해 애를 먹는다.

소리는 서두를 잘 잡아야 한다. 관객의 마음을 단번에 끌어 당겨야 이목을 집중시켜 다음 대목으로 끌고 갈 수가 있다. 말은 쉽지만 여간 어려운 일이 아니다. 청중은 조금만 허점이 보여도 눈과 귀를 바로 닫아버린다. 울림도 있어야 한다. 범종의 묵직한 떨림과 같은 파동이 폐부를 꿰뚫을 듯 파고들어야 마른침을 삼키고 추임새를 내뱉는다. 두께와 깊이가 없으면 여운이 남지 않는다. 거문고 소리처럼 음音과 운韻이 조화를 이룰 때 새로운 경지를 맛볼 수 있고 여운도 길게 이어진다. 끊임없이 생각하고 공감하며 주인공과 일체가 되었다는 생각이 들어야 일종의 카타르시스가 생긴다.

인생에도 눈대목이 있다. 살아온 인생역정에서 빼놓을 수 없는 부분이다. 거창하거나 화려하지 않아도 되고 누구나 공감할 수 있는 일이 아니어도 상관없다. 살아오면서 굽이굽이 꼬이고 맺힌 일뿐만 아니라 가슴속에 재워둔 사연일 수도 있다. 반드시 인생의 반전을 가져오거나 눈물을 자아낼 만큼 진한 감동을 주지 않아도 되고, 애절함이 극에 달해 손에 땀을 쥐게 하지 않아도 된다. 이어지는 삶의 역정을 기둥처럼 떠받치는 부분이면 된다. 도도하게 흐르는 강물처럼 순탄하고 평범하게 산 것 같지만 격랑의 세월을 이겨낸 사람들이 대부분이다. 쓰러져 일어설 수 없을 만큼 힘들 때도 무너지지 않게 받쳐준 사연이 눈대목이다.

사람들은 가시를 하나쯤 가슴에 묻고 산다. 어쩌다 한 번씩 참을 수 없을 만큼 아프게 찔러대도 내색하지 않는다. 어느 시인은 흔들리고 젖으며 꽃이 피듯이 쉽게 이루어지는 사랑이나 젖지 않고 가는 삶은 없다고 했다. 밟히고 찢겨 만신창이가 되어도 때가 되면 꽃을 피우고 열매를 맺는 질경이같이 일어서야 한다.

가끔 판소리를 한다. 많은 사람이 알고 있는 부분이라도 부를 때마다 느낌이 다르다. 같은 사람이라도 몸 상태에 따라 다르게 들리고 사람이 바뀌면 들을 때마다 새롭다. 소리도 삶도 아직 여물지 못했는지 나의 눈대목은 뚜렷하지 않다. 물기를 다 비운 고목처럼 목질과 옹이가 드러나야 보일 것 같다. 그냥 혼자 생각이다.

시김새

떨다가 꺾이더니 밀려간다. 소沼에서 돌던 급류가 절벽에 떨어지듯 성음이 뚝 떨어진다. 상청과 하청이 춤을 추듯 넘실대며 몸을 섞는다. 굴곡 없는 가락이 없듯이 순탄한 삶도 없다. 자신의 소리만 토해내는 시나위 가락처럼 사람들도 각자의 아픔을 되새기고 삭이며 살아간다.

예로부터 노래는 생활이다. 인간은 노래와 더불어 살아왔다. 논밭이나 우물가에서도 장단을 맞추고 나무하러 갈 때도 콧노래를 흥얼거리며 지게 목발을 두드렸다. 누군가의 메기는 소리에 너나없이 후렴 부분을 받아냈다. 모두가 참여하는 노래라 동질성을 나타내는 수단이기도 했다. 요즈음은 노래와 떨어져 살 수가 없다. 골목마다 노래방이 있고 운전하거나 지하철 속에서도 음악을 듣는다. 오늘도 어디선가는 노래자랑과 오디션에 젊은이들이 열광한다.

어릴 때부터 전통 민요를 좋아했다. 정초에 마을 어른들이 풍물을 치면 노래를 부르며 따라다녔다. 굿거리장단에서 자진모리장단으로 이어지면 등에 업힌 동생도 저절로 춤을 추었다. 그때 들었던 장단으로 초등학교 학예회에서 장구를 쳤고 대학에서는 꽹과리를 치며 농악팀을 이끌었다. 나이가 들면서 좋아하는 노래도 달라졌다. 밀양 아리랑 같은 순박하고 구수한 동부민요를 배우다가 한恨과 애수를 자아내는 서도소리에 끌려 한동안 배뱅이굿을 불렀다. 이순이 지나자 억양이 강하고 표현이 풍부한 남도소리에 점점 끌린다.

소리의 참맛은 시김새에서 우러난다. 흐름을 해치지 않고 부분적으로 음을 달리하여 선율을 맛깔나게 한다. 가성과 진성으로 강약을 조절하고 흔들고 밀면서 음을 농락한다. 잔잔하게 가다가도 폭포수처럼 갑자기 흩날리고 격랑의 물결을 이루다가도 애잔하게 이어간다. 사설에 맞게 사용하면 훨씬 구성지고 흥겨운 소리가 된다. 같은 노래도 소리꾼에 따라 완전히 다른 노래처럼 들리는 것도 시김새 때문이다. 동편제와 서편제로 구분하고 신쾌동류와 한갑득류 등으로 분류하는 것도 같은 맥락이다.

시김새는 단순하지 않다. 흔드는 청의 폭을 조절하고 음을 끌어내리고 올리며 순간적으로 꺾기도 한다. 때로는 빠르게 흔들다가도 원음 앞에 장식음을 넣어 굴리기도 한다. 뻗는가

하면 어느새 거문고 소리처럼 떨고 안정감을 주는가 싶으면 느닷없이 낭떠러지로 떨어진다. 적절한 변화가 긴장을 고조시키고 극적인 분위기 반전을 가져온다. 사설에 맞게 떨고 뻗고 꺾다 보면 자연스럽게 소리가 조화를 이루고 가락도 다양한 형태로 나타난다.

구음口音을 들은 적이 있다. 악기의 특징적인 음을 창하듯 입으로 흉내 내는 소리지만 애절하고 애잔함에 몸이 떨렸다. 모든 것을 다 토해낼 것처럼 밀고 가다가도 갑자기 꺾이는 소리의 울림이 감동의 여운을 남겼다. 가슴속 줄줄이 맺힌 사연들을 내뱉을 듯 상청으로 밀어 올리다가도 체념하듯 힘없이 밀려난다. 끊어질 듯 이어지고 멈출 듯 밀고 가는 운율이 계면조와 우조를 넘나들면 가슴속 맺힌 한을 토해내는 것 같았다. 절규를 지나 나지막하게 들리는 소리는 말문 닫은 할아버지의 유언 같았다.

〈진도씻김굿〉을 보러 갔다. 죽은 사람의 영혼을 깨끗이 씻어 극락왕생하게 하고 자손의 복을 비는 굿이다. 멍석에 깔린 희미한 불빛이 밝기를 더해갈 즈음 코가 오뚝 선 하얀 버선발의 소복 무당이 모습을 드러냈다. 지켜보는 구경꾼들은 자리를 고쳐 앉으며 침을 삼켰다. 정적을 깨는 장구 소리가 격랑의 시나위를 불러오자 무당의 구성진 구음이 접신接神을 시도했다. 절규하듯 토해내는 영혼의 소리가 절정에 달하면 방석에 앉은 악사들도 신들린 듯이 가락을 타고 추임새를 넣으며 굿판을 달구었다. 구경꾼들마저 어깨를 들썩이면 지켜보던 등잔불도 그을음을 마구 흔들어댔다.

판소리 〈심청가〉를 여러 번 보러 갔다. 같은 내용이지만 누가 소리를 하고 북을 치느냐에 따라 느낌이 달랐다. 가장 흥미진진한 부분은 언제나 심봉사 눈뜨는 대목이었다. 딸이 앞에 있는 줄도 모르고 넋두리하듯 자신의 신세를 한탄하는 중모리장단이 장내분위기를 숙연하게 했다. 울부짖듯 탄식하는 상청에 도달하면 관객도 소리꾼도 눈가에 이슬이 맺혔다. 딸을 보려는 심봉사가 눈을 끔적거리는 대목에서는 빠른 자진모리장단만큼이나 긴장감이 흐르고 눈을 번쩍 뜨는 부분에서는 어김없이 추임새와 박수가 터져 나왔다.

한동안 판소리를 유행가처럼 혼자 불렀다. 목청을 돋우며 수도 없이 따라 했지만 진한 맛은 고사하고 소절마다 벽에 부딪혔다. 빛깔은 곱지만 밍밍한 요리처럼 어설프게 겉멋만 부리다 보니 사람들 앞에서 불러보고 싶어도 귀명창이라도 만날까 봐 망설일 때가 많았다. 무엇보다 음을 꾸미는 시김새에 막혔다. 악보에도 없는 독특한 창법이라 쉽게 접할 수가 없었다. 이순을 훌쩍 넘기고서야 전통 판소리를 전공한 선생님을 찾아갔다.

첫날부터 혼이 났다. 사전에도 없는 용어와 알 수 없는 기법에 기가 눌렸다. 젊은 선생님은 대뜸 무슨 노래를 배우러 왔는지 물었다. 단가를 배우고 싶다고 했더니 의아한 눈빛으로 한

참 바라봤다. 〈진도아리랑〉을 불러보라고 했다. 이미 알고 있고 많이 불렀던 노래라 내심 쾌재를 부르며 호기롭게 불렀더니 시작하자마자 중단시켰다. 민요는 그렇게 부르는 것이 아니라며 선창했다. 날 선 목소리로 장구채를 힘껏 내려치면서 그것도 못하느냐는 듯이 다그칠 때는 나도 모르게 등줄기에 식은땀이 주르르 흘러내렸다.

얼굴이 화끈 달아올랐다. 발성부터 창법까지 완전히 달랐다. 가성과 진성을 적재적소에 사용하고 소리의 강약은 물론 떨고 흔드는 법까지 같은 부분이 거의 없었다. 특히 남도소리는 목을 누르면서 힘을 빼고 부르는 계면조가 많았다. 힘찬 우조나 평조는 그나마 좀 나았지만, 계면조의 애원성과 동물이나 자연의 소리가 문제였다. 같은 음이라도 밀고 당기고 꺾고 흔들다 보니 전혀 다른 노래처럼 들렸다.

시김새가 마냥 좋은 것은 아니다. 시도 때도 없이 사용하거나 어정쩡하게 들어가면 노래를 망친다. 음식 맛을 내는 양념처럼 언제 얼마나 사용할 것인가가 중요하다. 먼저 사설의 내용을 완전히 소화하고 극적인 효과를 낼 수 있는 부분을 찾아 주변 음과 조화를 이루어야 시너지 효과를 낼 수 있다. 가슴속에 켜켜이 쌓인 고락의 우수가 소릿결에 묻어날 때 비로소 오래 삭여진 그늘진 시김새가 보인다. 끊임없이 성대를 다듬지 않으면 제맛을 낼 수 없어 입신의 경지에 도달한 명창도 매일 목을 풀고 연습한다.

해를 넘겨 가며 소리를 배운다. 배우기 힘든 남도 잡가는 감정 이입이 빨라 듣는 사람을 편하게 한다. 무엇보다 남도의 소리는 판소리가 으뜸이다. 소리꾼처럼 고수의 반주에 맞춰 일인 다역으로 사설을 늘어놓는다. 소리의 늪에 빠졌다가 아니리에서 숨을 쉬고 어설프게 발림 흉내를 내다보면 가끔 추임새가 들려온다. 가락이야 열심히 하다 보면 머잖아 터득하겠지만 모진 풍상에 삭혀지고 닳은 생의 그늘까지 담을 수 있을지는 의문이다. 계단을 내려가다가도 딸꾹질하듯 꺽꺽대고 산책하면서도 소리를 길게 뽑어본다. 어쩌다 범종의 파동이 가슴을 파고드는 날이면 밤잠을 설치기도 한다.

소리는 가슴으로 한다. 청년은 노년의 우수를 모른다는 말이 있다. 나이테 같은 파문이 늘어갈수록 진한 맛을 낸다. 세찬 삭풍과 무더운 여름을 견뎌낸 나무의 연륜이 아름다운 목질을 만들 듯 소리도 세월의 더께가 깊을수록 무늬와 결이 살아난다. 돌처럼 굳어가던 답답한 마음이 풀리기도 전에 밀물처럼 허기가 밀려오면 숨죽은 묵은지처럼 소리도 변해간다. 지울 수 없는 피멍이 하나둘 늘어 갈수록 시김새도 진한 맛을 낸다.

인생도 크게 다르지 않다. 힘든 고비를 넘긴 삶이 더 소중하고 아름답다. 곧게 자란 나무보다 투박한 껍질의 등 굽은 소나무에 눈길이 오래 머물고, 끝없는 평지보다 크고 작은 산이 늘어선 험준한 능선이 많은 이야기를 만든다. 삶이 급류와 폭포를 지나 호수처럼 잔잔한 강물이 되면 소리의 굴곡도 부드러워진다.

메기고 받는 소리에 양념 같은 시김새를 더하니 밋밋한 노래가 비 맞은 풀잎처럼 생기를 되찾는다. 흥얼거리듯 길게 이어지는 탁성 위에 지난날의 무늬가 고스란히 얹힌다.

소리꾼의 길

몇 달째 답보 상태다. 아무리 단전에 힘을 줘도 소리가 되지 않는다. 개미 쳇바퀴 돌 듯 같은 장단을 반복하다 보니 스승도 학생도 지쳐간다. 몇 발짝 들어가니 한 소절도 제대로 배우지 못하고 돌아서는 날이 늘어난다. 벽에 부딪힐 때마다 입구는 있어도 출구는 없다는 어느 소리꾼의 말을 실감한다.

광대는 직업적인 예능인이다. 한 번 발을 들여놓으면 늪처럼 빠져든다. 우연히 발을 들였다가 평생 굴레를 벗지 못하기도 한다. 꿈에 부풀어 시작하지만, 예인의 경지에 도달하지 못하고 중도 하차하는 경우가 많다. 누군가가 부추기는 말에 고무되어 어설프게 들어섰다가는 의식주도 해결하지 못하고 가족들까지 힘들게 한다. 끼도 재능도 없으면서 화려한 무대에 심취되어 멀고도 험한 이 길을 선택하면 진정한 광대가 되지 못한다. 간혹 설익은 실력으로 성급하게 무대에 섰다가 관객의 무반응에 바로 접기도 한다.

소리 선생님을 만난 지도 수년이 지났다. 첫 만남은 판소리 다섯 마당을 단독 공연하는 국립국악원이었다. 어둠이 객석을 채우자 장막이 천천히 올라갔다. 천장에서 빛이 떨어지니 샛노란 저고리에 붉은 치마의 단정한 소리꾼과 도포에 갓을 쓴 고수가 모습을 드러냈다. 정적을 깨는 장구가 가야금 연주와 아니리를 불러왔다. 〈춘향가〉 눈대목인 '사랑가'의 가야금 병창이 끝나자 북소리를 타고 〈적벽가〉의 '새타령'이 구슬프게 이어졌다. 애절한 가락이 나올 때마다 객석에서 추임새가 터졌다. 〈수궁가〉의 '토끼 배 가르는 대목'은 해학적인 사설에 걸맞게 박진감 있게 진행되었고 〈흥보가〉의 '제비 노정기'는 가야금 병창으로 마무리되었다. 화려한 경력보다 수리성을 갖췄다는 사회자의 말이 〈심청가〉의 '심봉사 눈뜨는 대목'에 집중하게 했다.

공연이 끝나자마자 무대 뒤로 갔다. 고수를 만나 소리꾼을 만나고 싶다고 했더니 전화번호를 알려주었다. 유려하고 재치 있게 무대를 이끌었던 사회자를 만나 공연에 관한 이야기를 하다 보니 하루라도 빨리 배우고 싶었다. 다음날 출근하자마자 바로 전화했다. 판소리를 배우고 싶다고 하자 사무실로 찾아오는 방법과 날짜를 정해 줬다. 얼떨결에 덜렁 약속부터 하고 나니 약간의 두려움과 기대감이 교차했다. 괜히 문제를 만들고 있다는 생각이 들어도 지금 하지 않으면 평생 후회할 것 같아 무조건 찾아가기로 마음먹었다.

한恨의 소리는 만만치가 않았다. 평소에 민요를 좋아해 자신 있게 시작했지만, 쉬운 노래는 하나도 없었다. 장단을 맞추는 것은 물론이고 가성 하나 내는 데도 몇 날 며칠이 걸렸다. 누구나 쉽게 따라 부르는 〈진도아리랑〉도 그냥 하는 것이 아니었다. 굵은 목과 가는 목으로 흔들고 뻗고 꺾는 시김새는 제대로 흉내 낼 수가 없었다. 조금만 많이 떨면 발바리 목이라며 절대 내지 말라하고 사설의 내용에 맞게 표현하라고 몇 번이나 강조했다. 민요 몇 곡으로 몇 달을 보냈다. 가끔은 목청이 제대로 나오지도 않고 시김새도 잘 만들어지지 않았다. 엉뚱한 목청이 반복되고 한 장단도 소화하지 못하는 날은 사서 고생한다는 생각이 들었다.

남원 동편제 성지를 방문한 적이 있다. 한적한 시골이라 방문객이 거의 없었다. 조심스럽게 건물 안으로 들어서니 갖가지 풍물과 악기들이 전시되어 있고 동편제의 계보가 벽면을 장식하고 있었다. 조선 최고의 명창이며 동편제의 창시자인 송흥록은 아들과 손자, 증손자인 송만갑에 이르기까지 소리의 업을 이어가게 했다. 타고난 재능과 철저한 조기교육으로 명성을 얻은 송만갑은 구성진 서편제의 장점을 동편제에 접목하여 관객들을 열광시켰지만, 가문과 동료들로부터 심한 비판을 받았다. 하지만 누구도 흉내 낼 수 없는 송만갑의 바디가 그때

만들어졌다. 지금도 대대로 업으로 삼는 집안이 더러 있다. 세습 무당집에서 태어나 정형화된 진도 씻김굿을 아들딸에게 전수한 사람도 있고, 좋은 직장 다 버리고 광대의 길을 걷는 형제도 있다.

소리의 길은 무병처럼 다가온다. 한번 가슴을 파고들면 마음대로 내칠 수가 없다. 달아나려고 하면 더욱 처절하게 다가온다. 종착지가 어딘지도 모르고 무작정 떠난다. 언제 어디서 깨달음을 얻을지도 모르면서 화두 하나에 매달리는 구도자의 길을 걸어간다. 득음하겠다고 성급하게 덤벼들었다가 떡목이 되면 광대의 길을 접어야 하고, 조급증을 참지 못하고 선불리 무대에 섰다가는 명창이 되지 못하고 또랑광대에 머물러야 한다. 세습 광대들이 도중에 그만두고 다른 길을 택하는 것도 그 때문이다. 한을 소리로 승화시키는 소리꾼이 되면 제대로 먹고 입지 못해도 무대를 떠나지 못한다. 빛 좋은 개살구라는 것을 알면서도 굴레를 벗을 수가 없다.

소리꾼의 삶이 순탄치만은 않다. 우선 오랫동안 수련을 해야 한다는 것이다. 좋은 스승을 만나기도 어렵지만, 설사 만나서 사사해도 재능과 열성이 없으면 공력이 쌓이지 않는다. 유년 시절에 시작해도 기회가 닿지 않아 빛을 보지 못하는 경우가 허다하다. 타고난 끼를 주체할 수 없어 시작한 소리가 신동의 반열에 들어도 시간이 지나면 유성처럼 빛을 잃고 만다. 용이 되지 못한 이무기처럼 비록 명창의 꿈은 저버린 지 오래지만, 무대만 보면 신들린 듯 생기가 난다.

소리꾼은 사설에 따라 일인다역 광대가 된다. 때로는 부자가 되어 빠르고 신나는 가락으로 나가다가도 가사가 바뀌면 바로 마당쇠가 되어 신세 한탄의 소리를 토해낸다. 관객이 광대의 연기에 열광하고 눈물짓는 것도 공감하기 때문이다. 역할에 공감하지 않으면 공연이 끝나기도 전에 관객들은 자리를 뜨고 만다. 돌아보면 마디처럼 이어지는 모든 삶이 주어진 배역을 열심히 소화하는 배우와 다르지 않다. 그러고 보니 광대 아닌 사람은 없다. 날마다 자신만의 배역에 충실하며 살아간다. 삶이 그렇듯이 늘 좋은 역할만 하기는 어렵다. 오늘 행복하다고 내일도 같은 날이 되지는 않는다. 인간이 마음대로 선택하거나 거부할 수 있는 영역이 아니다.

정상은 기대하지도 않는다. 화려한 무대가 기다리지 않는다는 것도 잘 안다. 하지만 관성 때문에 멈출 수가 없다. 시간이 지날수록 조급해 하지 않고 돌다리를 두드리는 심정으로 한 장단씩 배우려고 한다. 어렵사리 판소리 한 대목을 끝내자 어둡고 긴 터널을 겨우 몇 걸음 지나온 기분이다. 언제쯤 출구의 빛을 볼 수 있을는지.

시나위

금세 물살을 탄다. 악보도 지휘자도 없는 합주의 물결에 휩쓸린다. 강물처럼 고요하던 장단이 점차 격렬해지면 가던 발걸음을 멈추고 가락을 듣는다. 계곡에서 흘러든 지류가 물보라를 일으키며 세를 불리듯 갖가지 풀벌레 소리가 한곳으로 모여든다.

가을 풀벌레의 시나위를 듣는다. 서늘한 강변에는 저녁마다 연주회가 열린다. 넓은 공연장이나 무대도 없고 시작을 알리는 장구나 악공도 없지만 해만 지면 어김없이 시작된다. 붉은 노을마저 서산을 넘고 산자락 어둠이 강물에 잠기면 관객이 있든 없든 공연이 막을 올린다. 가로등 불빛이 어슴푸레 길을 밝히자 일제히 토해내는 풀벌레 소리가 물살을 이룬다. 무더운 여름 내내 쌓아 두었던 내공을 거침없이 쏟아내면 달빛에 번쩍이던 강물도 물비늘을 잠시 내린다.

우연찮게 시나위 공연장에 간 적이 있다. 객석이 많지도 않은 작은 국악 공연장이었다. 마당극 공연장처럼 무대가 가까워 숨소리까지 들릴 것 같았다. 막이 오르고 조명이 밝아지자 한복을 곱게 차려입은 악사들이 나타났다. 오랜 연륜을 쌓은 데서 나오는 여유로운 모습이 단번에 관객의 눈길을 사로잡았다. 세속을 벗어난 듯 무표정한 얼굴에는 어떤 빈틈도 보이지 않았다. 호흡을 가다듬는지 석상처럼 움직임이 없었다. 순간 장구재비가 정적을 깨고 가볍게 추임새를 넣자 기다렸다는 듯 일제히 가락을 연주했다.

단번에 급물살을 탔다. 거대한 파도가 순식간에 객석을 휩쓸고 지나갔다. 지휘자나 별도의 신호가 없어도 폭풍은 이내 잔물결이 되어 잔잔하게 밀려왔다. 연미복의 지휘자와 검은 단복의 연주자로 구성된 대규모 관현악단과는 분위기부터가 달랐다. 연주자는 얼마 되지 않아도 일제히 터져 나오는 악기 소리만큼은 어떤 악단보다 우렁찼다. 아쟁과 해금의 끊어질 듯 이어지는 곡조는 애잔하게 흐르는 대금과 피리가 받아주고 지겨울 겨를도 없이 가야금과 거문고가 방향을 틀었다. 신나게 한 순배 돌고 나면 어느새 한데 모여 다시 큰 물줄기를 이루었다. 시나위의 선율은 블랙홀처럼 청중의 숨소리마저 빨아들였다.

시나위 가락은 무속 음악이다. 여러 설이 있지만, 굿판에서 즉흥적으로 연주하는 합주 형식이다. 선율은 신악神樂과 무악巫樂의 특징인 무정형 악장이며 기본음을 통일시켜 불협화음이 조화를 이룬다. 무가의 선율인 살풀이장단은 물론이고 진양조장단에서 자진모리장단까지 연주한다. 장단이 다양해지자 악기 구성도 향피리 · 젓대 · 해금 · 장구 · 징 등에서 거문고나 가야금, 아쟁 같은 현악기까지 점차 범위가 확대되고 있다.

지정된 지휘자나 소리꾼이 없다. 장구가 첫 박을 두드리면 일제히 소리를 내기 시작한다. 정해진 장단이나 곡조가 없어 악기마다 신나게 두드리고 뜯고 불기를 반복한다. 한바탕 놀았다 싶으면 장구의 신호에 따라 합주가 아닌 악기별 산조가 시작된다. 먼저 거문고가 가락을 타면 대금이 받아주고 연이어 아쟁이 받는가 싶으면 전체가 다시 어울린다. 힘차게 흐르는 격류도 소를 만나면 잠시 쉬듯 악공들은 자신의 순서를 기다리며 기를 모은다. 굵고 묵직한 음으로 가슴을 울리는 거문고 소리를 듣다 보면 맑은 가야금 소리에 젖어 들고 기다렸다는 듯이 구슬픈 피리 소리가 추임새를 타고 들어온다. 징과 장구 소리는 끊임없이 늘어지는 현악기나 관악기의 가락에 윤기와 탄력을 더해 관객들이 지루할 틈을 주지 않는다.

시나위에도 불문율이 있다. 서로 말하지 않아도 한 악기가 낮은 소리를 내면 다음 악기는 평성과 상성으로 이어간다. 평조의 합주가 지루해지기도 전에 슬프고 애잔한 계면조 소리로 분위기를 반전시킨다. 고수들이라 차례를 미리 정하거나 의논

하지 않고 악사들이 서로 눈을 맞추지 않아도 들어가고 나오는 시점을 정확히 알고 있다. 이음매 없이 자연스럽게 이어지다 보니 관객들은 전혀 눈치 채지 못한다. 모든 연주자는 거침없이 나아가는 배에다 몸을 싣고 시나위의 파장에 혼을 싣는다.

딱히 정해진 악기도 없다. 사물놀이처럼 곡이나 역할이 확실하거나 요란하지도 않다. 거문고나 가야금이 없어도 되고 아쟁이 없으면 해금으로 대신해도 아무 문제가 없다. 한 사람이 여러 악기를 번갈아 가면서 연주하기도 하고 여러 사람이 돌아가면서 연주해도 어색하지 않다. 서슴없이 서로의 영역을 마음대로 넘나드는 것 같지만 모두가 합주의 물결에 맞는 자신의 소리를 낸다.

유년 시절 할머니를 따라 굿판에 갔다. 굿을 한다는 소문만 들려도 온 마을이 술렁거릴 때였다. 농사만 짓는 농촌에는 마땅한 구경거리가 별로 없던 시절이었다. 왜 굿을 하는지 보다는 어떤 무당이 오는지가 더 큰 관심사였다. 날이 잡히면 알려주는 사람이 없어도 삽시간에 마을 전체로 퍼져나갔다. 해가 서산에 걸리기도 전에 옆 동네는 물론이고 재 넘어 산골 마을에서도 구경꾼들이 찾아들었다. 굿하는 집 담장에 세워진 대나무에 매달린 오방색 천 조각이 바람에 펄럭이며 구경꾼들을 불러 모았다.

매굿과는 달랐다. 매년 정초에 풍물패가 악귀를 쫓고 복을 비는 굿이 아니었다. 일찌감치 마당에는 장막이 쳐지고 넋자리가 깔렸다. 해거름이면 이슬과 서리를 막아주는 광목 천막 안에는 제상이 차려지고 여러 개의 등불이 걸렸다. 웃는지 우는지 알 수 없는 눈을 반쯤 감은 돼지머리는 언제나 중앙에 자리 잡았다. 어둠이 짙어지자 멍석에 내려와 있던 희미한 불빛이 점점 밝아졌다. 구경꾼들이 자리를 잡자 하얀 수건을 이마에 동여맨 무당이 모습을 드러냈다. 짙은 화장에 등솔기만 길게 갈라놓은 소매 없는 남색 쾌자를 입고 방울과 부채를 들고 나타났다. 코가 오뚝 선 흰 버선이 사뿐사뿐 들어오면 구경꾼들은 자리를 고쳐 앉고 마른침을 삼켰다.

굿판 한쪽에 자리 잡은 연주자들도 악기를 무릎 가까이 당겼다. 준비가 끝나자 장구가 먼저 정적을 깨고 굿판의 시작을 알렸다. 무정형 선율이 울려 퍼지자 무녀는 춤을 추기 시작했다. 알아들을 수도 없는 말로 접신을 시도하더니 갑자기 집안의 내력을 읊으며 공수를 전했다. 경련을 일으키며 춤을 출 때는 넋이 나간듯했다. 방석에 앉은 악사들이 가락을 연주하면 장구재비는 추임새를 넣고 징잡이가 굿판을 달구었다. 시간이 갈수록 빨라지던 시나위는 자연스럽게 어깨가 들썩거리는 자진모리장단으로 바뀌었다. 장단이 격랑을 이루자 연주자도 무당도 소맷자락을 펄럭이며 접신의 굿판으로 몰고 갔다. 귀를 울리는 선율이 점점 빨라지자 관객들의 마음도 신들린 듯 춤을 추었다. 구경꾼들마저 어깨를 들썩이면 지켜보던 등잔불도 그을음을 마구 흔들어냈다.

굿판은 카타르시스의 장이다. 가슴에 담고 있는 옹이 같은 응어리를 녹여낸다. 쉽게 드러낼 수 없는 아픔을 삼키지 못하고 굿판에서 쏟아낸다. 밤이 깊어 가면 무녀의 공수에 스스로 빙의되어간다. 자식을 앞세웠거나 사연이 많은 할머니는 참새 눈물보다 작은 물기를 연방 찍어내며 치마 속 돈주머니의 끈을 푼다. 장단 자체만으로도 애절한 삼현육각의 진양조장단에 애원성이 젖어들면 최면에 걸린 듯 자신도 작두를 탄다. 두려움과 슬픔이 해소되고 일체화되면 무거운 감정이 사라지고 마음이 정화된다.

풀밭 무대를 둘러본다. 작심하고 들여다봐도 연주자는 보이지 않는다. 강변을 따라 걷는 내내 소리가 끊이지 않는다. 귀뚜라미의 애절한 소리가 길게 이어지면 가던 발걸음을 잠시 멈춘다. 잔잔하게 흐르던 평조가 계면조로 바뀌고 다양한 선율이 조화를 이루는 것을 보면 고수가 분명하다. 못 들은 척 외면해도 전혀 개의치 않고 연주를 이어간다. 누구는 가을 풀벌레 소리가 처량하다고 하지만 내게는 애절하게만 들린다. 가을 하늘의 달빛이 차가워질수록 크고 진하게 다가온다.

세상은 쉼 없이 각자의 소리를 낸다. 날이 갈수록 엇박자와 불협화음이 늘어나지만 서로 청을 맞춘 변주곡이 한결 질리지 않는다. 다양한 소리가 어우러지는 시나위 같은 세상이 훨씬 살맛난다.

〈살풀이춤〉 액을 막다

소복 하나가 어둠을 뚫고 다가온다. 미끄러지듯 빠르게 움직이는 춤꾼의 얼굴이 창백하다. 무표정한 눈길이 어디를 향하는지 긴 눈썹 속의 물기 어린 눈망울만 가끔 불빛에 반짝인다. 여인의 소맷자락이 허공을 가를 때마다 하얀 명주 수건이 불꽃처럼 펄럭인다.

〈살煞풀이춤〉 공연을 보러 갔다. 캄캄한 무대에 한 여인이 다소곳한 자세로 서 있다. 조명이 밝아지자 여인의 검은 쪽머리에서 윤기가 흘러내린다. 아쟁과 대금의 애절한 소리가 장구 장단과 어울리자 천천히 움직이기 시작한다. 한 손으로 치맛자락을 움켜쥐고 천천히 몸을 돌리니 추녀 같은 버선코가 따라 올라간다. 활발한 춤사위 대신 부드러운 천을 따라가는 지극히 감정이 절제된 춤이지만 관객의 시선은 펄럭이는 수건을 놓지 못한다. 감은 듯 뜬눈은 가끔 치맛자락을 헤집고 나타나는 버선코만 내려다본다.

살풀이는 사람을 해치는 모질고 독한 기운을 푸는 춤이다. 무속 음악인 시나위 장단이지만 추상적이라 종교적인 의미는 가지지 않는다. 조선말기 춤꾼 한성준이 부드러운 천을 들고 살풀이장단에 맞춰 추는 춤에 이름을 붙였다. 즉흥성을 가장 잘 살려낸 〈살풀이춤〉은 무용수에 따라 차이가 많은 전통춤이다. 일제강점기에 굿이 금지되자 경기와 호남지방에서 계승되어온 춤을 무당들이 춤사위를 다듬어 예술성을 갖추었다.

흰 치마저고리가 곡선을 긋는다. 가슴속 사연을 날려 보내기라도 하듯 부드럽고 하얀 수건이 허공에 펄럭인다. 잔잔한 물결처럼 가볍게 움직이다가도 폭포가 되어 요동치고, 도는가 싶으면 멈추고, 머무는가 싶으면 또 돌아서는 정중동, 동중정의 절제된 춤사위로 이어진다. 손목을 꺾을 때마다 천천히 들어 올린 긴 수건이 허공에서 펄럭인다. 터질 듯한 감정을 억제하며 끝까지 관객과 호흡을 같이한다. 춤동작이 커지면 지켜보는 관객의 마음은 점점 더 처연해진다.

대학 축제 때 병신춤으로 유명한 공옥진 여사의 〈살풀이춤〉을 보았다. 치맛자락을 잡아당겨 허리에 질끈 묶은 구부정한 모습은 어느 시골 아낙의 모습이었다. 화려한 치장도 분장도 없는 민낯에 단정하게 빗어 넘긴 쪽머리는 시골 할머니 같았다. 〈살풀이춤〉은 독무였다. 흰 옷고름에 흰 명주 수건을 손에

든 채 무악의 반주에 따라 맺고 어르고 푸는 동작을 반복했다. 무당의 〈살풀이춤〉 같다가도 판소리꾼의 발림을 위한 부채춤 같기도 했다. 구불거리는 손끝을 따라 수건이 춤을 추고 온몸을 비틀며 걸어가다 쓰러지는 모습은 고단한 삶, 그 자체였다. 혼신의 힘을 모아 몸을 꼬고 비트는 춤 앞에서 누구도 웃을 수가 없었다. 무대가 없는 운동장이라 춤꾼의 표정은 물론이고 숨소리까지도 온전히 전해졌다.

춤으로 살을 풀려고 했다. 수건으로 고를 틀고 푸는 동작을 반복하더니 팔을 크게 벌려 몸으로 고를 매려는지 원을 그렸다. 기교가 많지 않은 투박하고 단순한 발 디딤새로 희로애락의 감정을 나타냈다. 〈살풀이춤〉은 원혼을 달래는 처절한 몸부림 같았다. 다소곳한 자세와 꼭 다문 입술의 무표정한 얼굴에는 비장함이 서려 있었다. 느린 살풀이장단의 애조 띤 가락이 점점 빨라져 자진 살풀이장단에 이르자 온몸이 결렬하게 반응했다. 자진 굿거리장단이 가락의 변화를 완화시키자 춤동작도 물 흐르듯 자연스러웠다. 애절함이 승화된 용틀임 같은 춤사위가 전율이 되어 가슴으로 번졌다. 한바탕 거세게 몰아치던 폭풍이 지나가자 날아갈 듯 펄럭이던 명주 수건도 조용히 본래 자리로 돌아갔다.

형용할 수 없는 살풀이장단의 여운은 길었다. 춤판이 끝나도 쉽게 자리를 뜰 수가 없었다. 언제 어떻게 다가올지도 모르는 액운을 과연 막을 수 있을까. 누구도 알 수 없는 액을 미리

막을 수 있다면 돈 많고 높은 사람들은 수단과 방법을 가리지 않고 춤꾼이나 무당을 불러 액운을 막으려 했을 것이다. 가난한 사람도 바람은 다르지 않지만 할 수 있는 것이 없어 비손으로 대신하지 않았을까 싶다. 뭔가에 의지하고 싶은 인간의 나약함 때문에 신의 영역인 줄 알면서도 틈만 나면 넘겨다본다.

정초 지신밟기 〈액막이타령〉도 같은 맥락이다. 정월 대보름날이면 동네 어른들이 풍물패를 만들어 지신을 밟는 놀이였다. 농악소리가 골목을 돌면 정성껏 상을 차려 놓고 사립문 밖에서 순서를 기다렸다. 집안의 길흉화복을 판단한다는 부엌의 조왕신을 비롯해 여러 신에게 한 해가 무사하게 지나가기를 비는 노래를 불렀다. '어루 액이야 어루 액이야'로 시작되는 굿거리장단이 오방신장을 불러내면 바로 빠른 자진모리장단으로 넘어간다. 조왕굿은 생명을 유지하는 요리장을 달래기 위한 노래라 메기는 소리와 받는 소리가 풍물 소리와 어울려 경쾌하게 이어진다. 여러 사람이 패를 지어 각처로 돌아다니며 풍악을 치고 돈이나 곡식을 걷는 일종의 걸립놀이였지만 액막이굿이었다.

오래전 전염병이 창궐할 때였다. 객지 생활을 하던 큰형님이 사경을 헤매다 대문을 들어섰다. 약 달이는 냄새가 가시기도 전에 할아버지께서 앓아누웠다. 침울한 분위가 집 전체를 짓눌렀다. 웃음은 사라지고 말도 마음대로 할 수 없는 무거운 분위기가 계속되었다. 추운 겨울이 지나고 봄기운이 돌 무렵

에야 겨우 몸을 추스르고 자리보전에서 벗어났다. 이번에는 아버지께서 이어 받았다. 전과는 다르게 급속하게 병세가 위중해지더니 급기야 말문을 닫았다. 의사전달은 겨우 알아볼 수 있게 적은 글씨뿐이었다. 정성을 다했지만, 병세는 좀처럼 차도가 없었다.

안택굿을 했다. 집안의 터주를 위로하는 정도라 할아버지께서 허락했다. 삼대가 대병을 돌려가며 앓는 바람에 어쩔 수 없는 선택이었다. 작두날을 타거나 요란스럽게 대나무를 흔들어대며 혼을 불러내는 그런 큰 굿은 아니었다. 타지를 전전하며 굿을 하는 전문적인 무당도 아니었다. 작은 상에다 음식을 차려 놓고 밤새도록 징과 북을 치며 긴 주문을 외워댔다. 절대자의 비위를 건드리지 않고 소박하게 살겠으니 액이 들지 않게 해 달라는 일종의 부탁 같았다. 어머니는 무당이 시키는 대로 집 구석구석을 돌아다니며 죄인이 되어 비손했다.

물에 빠져 죽은 사람의 혼을 불러내는 큰 굿을 보러 갔다. 물가에다 굿판을 차려 놓고 종일 장구와 징을 치며 혼을 찾았다. 무당은 오방색 옷자락을 펄럭이며 부채와 대나무를 흔들어댔다. 신이 내렸다며 펄쩍펄쩍 뛸 때는 하얀 버선코도 함께 사뿐사뿐 춤을 추었다. 어느 순간 닭 두 마리를 물에다 던져 넣더니 격하게 춤을 추며 혼을 불렀다. 한참 후에 끌려 나온 닭을 보고 마치 죽은 사람이 살아온 것처럼 통곡하면서 혼이 빙의된 것처럼 공수를 전했다. 여기서도 산자는 모두가 죄인이었다. 구경꾼들의 흐느끼는 소리가 물결을 이루자 혼을 달래는 진혼곡을 굿 장단에 실었다.

〈살풀이춤〉이 드디어 한을 풀어낸다. 누르고 참았던 애절한 구음이 흘러나오자 펄럭이던 수건이 바닥에 떨어지고 춤꾼이 온몸을 흔들며 쓰러지듯 바닥에 내려앉는다. 쉽게 떠날 수도 없는 자신의 처지를 받아들일 수밖에 없는 건지 바닥에 주저앉은 몸이 불꽃처럼 요동을 친다. 바닥을 휩쓸 듯이 온몸을 휘젓다가 팔을 길게 뻗어 천천히 수건을 집는다. 벗어날 수 없는 현실을 인정이라도 하듯 수건을 잡고도 선뜻 일어서지 못한다. 흔들리는 몸짓에는 번뇌와 갈등이 묻어난다. 삶의 굴레를 벗어버리려는지 다시 하얀 수건이 허공에 펄럭인다.

지금도 곳곳에서 간절한 기도를 올린다. 꼭 부귀영화를 바라거나 권력에 관심을 둔 것은 아니다. 매 순간 일어나는 복잡한 현실에 불안해하며 지성을 다할 뿐이다. 살면서 액이나 살을 아주 피할 수는 없다. 태풍 같은 액운이 한꺼번에 몰려와도 받아들이고 삭혀야 한다. 어떤 힘으로도 거부하거나 저항할 수 없기에 절대자인 신에게 의지하고 위안을 받으려 한다. 신을 맞이하고 돌아서는 것은 별로 중요하지 않다. 누구도 감당할 수 없는 모질고 독한 화기를 풀어내고 싶을 뿐이다.

수의 같은 흰 수건이 깃털처럼 사뿐히 내려앉는다. 실타래처럼 엉켜있던 액운이 허공으로 사라진다. 비로소 가슴 졸이며 모아 두었던 한숨을 길게 내어 쉰다.

5부

껍질

거칠고 투박한 껍질만 남았다. 염습을 기다리는 주검처럼 어떤 시선도 개의치 않는다. 온몸을 감싸던 주인 잃은 갑옷같이 질곡의 역정이 곳곳에 배어있다. 가끔 불어오는 봄바람을 타고 또 다른 생명이 육신을 파고든다.

산을 오르다 고사목을 만났다. 조금 남은 껍질을 보니 육송이 분명하다. 해마다 불어나는 육신을 감당하느라 터지고 갈라진 흔적이 확실하지만, 아직도 썩어가는 밑둥치를 붙잡고 있다. 자세히 들여다보니 탄탄하던 육질은 간 곳 없고 마지막 남은 수액을 탐하는 벌레들만 정신없이 오간다. 쓰러질 듯 서 있는 수피樹皮에는 스스로 상처를 치유하던 고름 같은 송진이 아직도 딱지처럼 붙어 있다. 장갑을 벗고 손바닥을 갖다 대니 바쁘게 오가던 개미들이 놀란 듯 달아난다.

껍질 없는 나무는 없다. 백일홍처럼 매끈하고 마른버짐 같은 허연 자작나무뿐만 아니라 강하고 두꺼운 굴피나무도 있다. 나무 중에서 가장 크게 갈라지고 두꺼운 것은 소나무가 단연 으뜸이다. 비가 와 물기를 흠뻑 머금으면 잔나비버섯이나 한입버섯 같은 갖가지 버섯이 뿌리를 내리고 소나무 담쟁이가 우듬지를 향해 머리를 치켜든다. 갈라지고 터진 틈새만큼이나 거친 삶을 살면서도 수많은 미생물과 곤충, 버섯과 이끼들을 보듬는다.

짐승도 가죽이 있다. 형태만 다를 뿐 한평생 살을 보호한다. 때로는 찢기고 떨어져 나가도 스스로 토해내는 진물로 아물어 간다. 누가 시키거나 돌봐주는 이가 없어도 날마다 노화된 각질을 벗겨내고 탄력 있는 거죽을 만든다. 벌레들이 지나치게 파고들면 진흙밭에 뒹굴거나 바위와 나무에 피가 날 정도로 비벼대며 떨쳐내지만, 어지간해선 모른 척한다. 껍데기가 질기고 두껍다고 감각마저 무딘 것은 아니다. 어쩌다 모기에 물리면 살점이 가늘게 떨리고 벌에 쏘이면 천방지축으로 길길이 날뛴다.

벗겨진 껍질은 다르다. 투박한 소나무 껍질은 화목도 될 수 없지만, 가죽은 새롭게 태어난다. 질 좋은 모피는 값비싼 옷이 되어 귀부인의 사랑을 받고 질기고 탄력 있는 수피獸皮는 구두나 장식품이 되어 부자들을 보필하지만, 운이 나쁘면 북이 되고 장구가 되어 날마다 소리 지르며 전신을 떨어댄다. 속이 훤히 비칠 정도로 무두질당해도 싫든 좋든 두드리고 치는 대로 소리 질러야 한다. 신명 난 취객이나 흥겨운 채손이라도 만나는 날이면 찢어질 정도의 고통을 감내해야 한다.

쓰러진 나무는 노송이 아니다. 비탈진 산기슭이라 제대로 발을 뻗지도 못하고 겨우 연명하다 산사태를 만난 것이다. 내려다보니 절벽 같은 급경사에 수십 년을 버틴 것만 해도 대단하다는 생각이 든다. 원해서 돌밭에 뿌리를 내린 것은 아니나 솔방울이 떨어지고 싹이 트다 보니 어쩔 수가 없었다. 부엽토가 아닌 그곳은 불어나는 몸집을 지탱할 수 있는 토양이 아니다. 얼마나 악을 쓰며 버텼는지 죽어서도 붉은 흙을 잔뜩 움켜쥐고 있다.

바람이 불자 송홧가루가 모래바람처럼 피어난다. 해마다 갈참나무 잎이 진한 연녹색으로 변하는 사오월이면 어김없이 산천을 뒤덮는다. 두 팔 벌려 햇볕을 받아들이던 가지가 부러지고 삭정이가 되어도 우듬지는 송순을 올리고 가루를 멀리 날려 보낸다. 줄어드는 영역을 보전하려고 가지마다 솔방울을 만들고 씨를 매달지만, 온난화 때문인지 눈에 띄게 줄어든다. 무섭게 달려드는 칡넝쿨에 숨이 막히고 속수무책으로 송충이에게 당해도 봄이 오면 씨앗부터 만든다.

나무도 윤회할까. 한다면 다음 생은 어디에다 뿌리를 내릴지가 궁금하다. 비바람에 시달리지 않고 도끼질당하지 않는 낙원을 꿈꾸겠지만, 그런 곳은 어디에도 없다. 부잣집 정원수도 모양을 잡는다며 해마다 가지를 자르고 주리 틀 듯 비틀어 철사로 묶는다. 칼질을 당한 곳마다 백골이 드러나고 가지가 잘려 나간 곳에는 진물로 치유하다 아문 흔적이 뼈마디처럼 응어리져 있다.

석탑도 천년의 사연들이 가슴에 넘치면 껍질을 벗는다. 장엄하고 기백이 넘치는 감은사지 삼층석탑은 세월 앞에 무너져 가고 수많은 이야기를 간직한 익산 미륵사지 석탑은 육신마저 온전치 못해 수술을 거듭했다. 뭇사람들의 염원을 담아 쌓아 올렸던 단단한 돌탑도 모든 것을 다 보듬고 가지는 못한다. 모진 풍상을 견디지 못하고 해마다 한 겹씩 내려놓는다.

세파에 찌든 돌이끼를 끊임없이 털어낸다. 바람이 불 때마다 바위옷을 벗으려 애를 써 보지만 긴 세월 쌓인 업보를 쉽사리 지우지는 못한다. 날마다 예불을 올리던 승려도 웅장했던 전각도 없는 빈터를 함께 지키던 당간지주마저 떠나자 하루가 다르게 여위어 간다. 영원할 것 같던 화강암도 인간의 번뇌를 감당하지 못하고 흰빛을 잃어간다. 진애가 가득한 현세의 속박에서 벗어나려 발버둥을 치는 무수한 중생들의 갈등과 번민의 늪에서 허우적거린다. 밤마다 찾아오는 별빛과 이슬에 육신을 씻어보지만 떨어져나가는 거죽은 어쩔 수 없다. 어쩌면 석탑도 마지막까지 벗어도 속이 보이지 않는 양파껍질 같은 존재인지도 모른다. 땅에 떨어져 흙이 되기도 전에 먼지가 되어 사라진다.

세상이 마음 같지 않다. 원해서 태어나는 것이 아니듯 삶도 어느 것 하나 만만한 것이 없다. 가끔가다 순풍을 만났는가 싶으면 갑자기 들이닥치는 돌풍에 송두리째 잃기도 하고 다시는 일어설 수 없을 것같이 망가져도 언제 그랬냐는 듯 되살아난다. 살다 보면 자신의 힘으로 할 수 있는 것이 별로 없다는 생각이 들 때가 많다. 돌밭이나 비탈에 자리 잡은 것도 산사태에 쓰러진 것도 자기 의지와는 거리가 멀다. 양지바른 좋은 환경에서 자손만대 부귀영화를 누리며 살고 싶지만 그런 경우는 드물다.

사람도 끝은 알 수가 없다. 한 치 앞도 분간할 수 없는 밤길을 걷듯 그저 나아갈 뿐이다. 해마다 목표를 무리하게 정하고 앞만 보고 달려가다가 자신도 모르게 낭패를 당하는 경우가 허다하다. 능력도 없으면서 입신양명을 꿈꾸거나 가난을 대물림하지 않겠다며 무리수를 두다가는 개미귀신에 홀린 줄 모르고 발버둥치는 개미 신세가 된다. 늘 먼 곳만 바라보지 말고 이따금 뒤도 돌아보고 옆도 챙기며 천천히 가는 삶이 훨씬 풍요롭고 알차다. 나이가 들수록 조금씩 내려놓고 자중자애하려 해도 검버섯처럼 덧없이 피어나는 노욕을 떨쳐내기는 쉽지가 않다.

삶은 욕망의 껍질을 채우는 것이다. 부자든 권력자든 누구도 다 메우지는 못한다. 아무리 노력하고 애를 써도 결과는 마찬가지다. 지금도 허영과 야망에 찌든 사람들이 날마다 매스컴을 달군다. 살기 넘치는 눈빛도 탄탄하던 근육도 순간에 지나지 않는다는 것을 아는지 모르는지 무리 지어 설쳐댄다. 세월은 아무리 거들먹거리며 세상을 호령하던 사람도 때가 되면 다 거둬들인다.

썩어가는 껍질 옆에 어린 소나무 수십 포기가 콩나물처럼 자란다. 하나라도 제대로 자랄 수 있을지 한참을 바라보다 발길을 돌린다. 바람이 불자 또 송홧가루가 사방에서 구름처럼 피어난다.

하늘 물고기

사지를 쩍 벌리고 하늘에 걸려 있다. 효수를 당한 듯 장대 끝에 매달려 바람이 불 때마다 그네를 탄다. 가끔 불어오는 짭조름한 해풍에 마지막 남은 육신의 물기마저 날려 보낸다. 수천 년이 지나도 썩지 않은 깡마른 이집트의 미라같이 자신의 체취마저 포기한 채 먼 곳을 바라본다.

만장처럼 주검이 줄줄이 늘어져 있다. 허공에 펄럭이는 깃발이 되어 이따금 전신을 흔들어댄다. 핏기 잃은 육신이 하루가 다르게 꾸덕꾸덕 말라가도 누구 하나 죽음을 안타까워하거나 애달파하지 않고 종종 지나가는 사람들도 스치듯 눈길만 줄 뿐 의미를 두지도 않는다. 얼었다 녹기를 반복하며 바다를 그리워하는 덕장의 황태같이 자연의 섭리 앞에서 본래의 모습을 잃어간다. 살점이 푸석푸석해지고 피골이 상접한 몰골이 되어도 보시하듯 햇살에 전신을 내어놓는다.

국민 물고기라 불리는 민어民魚다. 제사상에 올라가는 귀한 생선이다. 평소 부모를 제대로 봉양하지 못한 자식이라도 꼭 챙기는 제수 중에 하나다. 말린 민어로 만든 민어찜은 여름이 제철이라고 한다. 복더위에 민어찜은 일품, 도미찜은 이품, 보신탕은 삼품이라 할 정도로 더위에 지친 기력 회복에는 최상의 보양식이다. 부레는 먹기도 하지만 햇볕에 말렸다가 장롱이나 문갑은 물론 합죽선의 부챗살을 붙이는 풀의 재료가 되기도 한다.

예나 지금이나 곡식과 생선을 말려서 저장한다. 오래도록 먹으려면 썩지 않게 물기부터 없앤다. 곡식이야 낱알을 그냥 말려도 물고기는 배를 갈라 내장을 들어내고 살점에 묻어 있는 핏물을 깨끗이 씻어내고 건조시킨다. 책장을 펼치듯 속살이 훤히 드러나게 벌리고 날카로운 대꼬챙이로 양쪽 아가미를 관통시켜 장대에 매단다. 조금이라도 많은 부분이 햇살을 받을 수 있도록 뼈가 부러지든 말든 억지로 펼친다. 해풍을 머금은 건정은 생선일 때보다 맛이 좋다. 마르는 과정에서 비린내가 사라지고 살이 탄탄해져 또 다른 맛이 살아난다.

상갓집 만장처럼 담벼락에 기대선 간짓대에 내걸렸다. 며칠 전 까지만 해도 상상도 하지 못했던 일이다. 헤엄을 칠 수 있는 곳이면 세상 어디든 자유롭게 다녔는데 한 번의 방심이 그물에 걸려 이 꼴이 되었다. 선봉에 선 것이 실수였다. 매사에 자신감이 넘쳐 지나치게 설쳐대다가 결국 비늘이 벗겨지고 부관참시와 개복을 당했다. 물속에서 태어나고 자라 한평생 유영하다 수장되기를 원했지만, 장대 끝에 매달려 점점 말라가는 살점만 붙잡고 있다. 차라리 펄펄 끓는 물에 들어가 매운탕이나 찜이라도 되었으면 덜 민망할 것을 지금은 지나가는 개도 쳐다보며 군침을 흘린다.

지난날이 순탄치만은 않았다. 태어나 지금까지 끊임없이 헤엄쳤다. 타고난 민첩성과 체력을 바탕으로 밤낮 가리지 않고 떼 지어 돌아다녔다. 누구의 간섭도 받지 않고 먼 곳을 들락거리기도 했다. 그렇다고 언제나 마음이 편한 것은 아니었다. 곳곳에 도사리고 있는 포식자 때문이다. 신나게 물살을 타다가도 천적을 만나면 죽을힘을 다해 도망쳤다. 언제 어디서 나타날지 몰라 남들이 곤히 잠드는 한밤중에도 눈을 감을 수가 없었다.

겨울 해가 서산에 걸리기도 전에 찬바람이 몰려온다. 지난밤에 불어 닥쳤던 바닷바람에 어찌나 몸을 떨었던지 겁부터 난다. 실오라기 하나 걸치지 않은 몸을 삭풍에 맡겨야 하는 처량한 신세가 되었다. 그토록 그리던 육지지만 올라오자마자 꼼짝달싹하지 못하는 영어의 몸이 되었다. 세상을 집어삼킬 듯이 몰아치는 비바람도 살을 에는 추위도 없는 물속이 자꾸만 생각한다. 물길을 따라 마음대로 헤엄치던 바다는 생각만 해도 가슴이 뛰지만, 이제는 기억 속에서만 맴돈다.

살다 보면 원치 않는 삶을 살아야 할 때가 많다. 뜬금없이 다가오는 모진 현실을 마주할 때마다 꿈꾸던 이상은 조금씩 옅어진다. 이상과 현실 앞에서 숱한 갈등을 겪다 보면 지난날의 그리움과 아쉬움에 몸서리치기도 한다. 인간은 대부분 본능적인 욕구에 만족하지 못하고 끝없는 욕망에 허덕인다. 많이 누리고 가질수록 쉽게 내려놓지 못하고 번민의 늪에서 허우적댄다.

하늘 물고기도 언젠가 떠나간다. 아무리 소금밭에서 뒹굴어도 여름을 넘기지는 못한다. 만장을 따라나서는 상여처럼 어딘가로 끌려가면 다시는 돌아오기 어렵다. 한 줄기 바람이 불어오자 장대에 매달린 민어가 그네를 타듯 하늘 높이 치솟는다.

비질

낙엽이 영혼처럼 흩날린다. 찬바람이 불기도 전에 우수수 떨어진다. 엊그제 돋아난 듯한 이파리도 만추의 무게를 견디지 못하고 떠나간다. 역할이 끝난 초록 잎이 수의처럼 누렇게 변하자 가지와 이별앓이를 한다. 거친 태풍에도 살아남은 잎사귀가 조용히 내리는 추상의 뜻에 따라 습의襲衣 같은 옷을 훌훌 벗는다.

미화원들이 바쁘게 움직인다. 한 손에는 마대 포대를 다른 손에는 대빗자루를 들고 인도와 차도를 오르내리며 빠르게 쓸어 담는다. 움직이는 손놀림 덕에 만삭의 포대가 금세 늘어난다. 수양버들이 은행나무로 바뀌면서 훨씬 수월해졌다고 위안하면서도 차라리 잎이 큰 플라타너스였으면 더 좋겠다고 한다. 아파트 경비아저씨도 종일 쓸어 담느라 고개 한번 들지 못한다. 수고 많다며 인사를 건네자 어차피 한 달은 고생해야 한다며 그제야 나무를 쳐다본다.

유년 시절 하루의 시작은 비질이었다. 어둠이 채 가시지 않은 마당을 쓸었다. 눈물 같은 이슬이 줄줄이 맺혀 있는 풀잎을 깨우고 서리가 눈처럼 내리는 초겨울 여명도 빗자루로 쓸어냈다. 개 짖는 소리마저 잠자는 조용한 마을의 쓰레질은 새벽을 여는 진언 같았다. 밤새 찾아 들었던 넋이 놀라지 않도록 스치듯 땅을 긁었다. 이승에서 미처 다하지 못한 한풀이를 하듯 흩트려 놓은 세상을 갓밝이마다 쓸었다.

늘 같은 비를 들지는 않는다. 쓸어야 할 장소와 시기에 따라 달라진다. 낙엽이 많지 않은 여름에는 잔가지가 많은 비로 가볍게 쓸지만, 늦가을과 겨울은 다르다. 비 오듯 떨어지는 나뭇잎이나 살짝 얼어붙은 지푸라기를 쓸어내는 데는 탄력 있고 단단한 몽땅 빗자루가 최고다. 축담이나 부엌같이 좁고 복잡한 곳은 수수나 댑싸리비가 적격이다. 싸리나 대나무로 만든 빗자루는 가늘어도 탄성이 좋아 울퉁불퉁한 자갈길과 모래밭뿐만 아니라 타작을 마친 곡식의 껍질을 걷어 내기도 한다.

군에서는 싸리비만 썼다. 눈이 많이 오는 전방이라 넉가래와 비는 필수였다. 초소는 물론이고 오가는 길을 쓸고 나면 연병장의 눈을 치웠다. 앞이 보이지 않을 정도로 함박눈이 쏟아지는데도 병사들은 모래를 퍼 나르듯 눈을 실어 나르고 비질했다. 눈 오는 날은 업무를 접고 오직 눈 치우는 데만 전투력을 집중했다. 햇볕이 나면 저절로 녹아 없어질 눈을 왜 빨리 치우려고 애를 썼는지 지금도 이해할 수가 없다. 눈에 젖은 군화를 신고 눈밭을 헤매는 병사들은 동상으로 고통을 당해도 지휘관들은 난롯가에서 잡담을 주고받으며 떨어지는 눈을 감상했다.

자세도 천차만별이다. 젊은 사람일수록 허리를 주로 사용한다. 양발을 벌린 상태로 엉덩이를 쑥 내밀고 최대한 허리를 굽혀 쭉 뻗은 빗자루를 잽싸게 휘두른다. 한번 휘두를 때마다 부챗살을 그리며 빠르게 나아가지만 여차하면 무늬만 남길 수도 있다. 나이가 들수록 허리를 곧추세우고 새색시 치맛자락 폭만큼만 흔들며 간다. 세파에 마음이 무뎌지고 질곡의 역정이 쌓여 가면 비질도 사납지 않고 점점 부드럽고 순해진다.

단숨에 비를 만들 수는 없다. 댑싸리나 수수나 짚으로 만든 부엌비는 당장 사용할 수가 있지만, 대나무는 다르다. 이파리를 털어낸 잔가지를 아무리 잘 묶어도 더벅머리처럼 사방으로 뻗쳐 칡이나 새끼줄로 칭칭 동여매고 숨을 죽여야 비가 된다. 추수가 끝난 늦가을 밤이면 부엉이 우는 소리가 크게 들릴 때까지 사랑방에서 만들었던 크고 작은 볏짚 빗자루도 물을 뿌려야 모양이 잡힌다. 잎사귀를 훑어내고 모양을 잡는 싸리비는 잘 닳고 쉽게 부러져 만들기보다 보관이 어렵다. 지금은 탄력도 없고 잘 쓸리지도 않는 형형색색 플라스틱 빗자루가 판을 친다. 오랜 세월 주변을 서성대던 대빗자루와 싸리 빗자루를 밀어내고 버젓이 철물점 한쪽을 차지하고 있다.

빗자루도 영원하지 않다. 시간이 지나면 노인처럼 굴신도 제대로 못 한다. 한때는 날마다 뭇사람 품에 들어 사교춤을 즐기듯 온몸을 흔들었지만, 기력을 소진한 빗자루는 석회질만 남아 고생한 늙은이처럼 바람만 불어도 삭신이 쑤시고 아픈 천덕꾸러기 신세가 되었다. 정처 없이 떠돌던 낙엽을 모아 소신공양의 길로 인도하고 찍히고 파인 마당의 상처를 치유하느라 정작 자신은 돌볼 여유가 없었다. 훤칠하던 키는 작달막하게 변한 지 오래고 단단히 졸라맸던 칡넝쿨마저도 느슨해진 지 오래다. 지금은 자신의 육신조차 추스를 힘이 없어 불쏘시개가 되기만 기다린다.

얼마 전 작은 절을 찾아갔다. 너무 이른 시간이라 계곡에는 아직 햇살이 들지 않았다. 밤새 산사를 감쌌던 착잡한 기운이 미처 빠져나가지 못하고 곳곳에 남아 있었다. 새벽 공양이 끝난 지 오래라 동자승도 노승도 없는 절 마당에는 정적만 감돌았다. 간간이 흘러나오는 향내마저 없었다면 빈 절이라는 생각이 들 정도였다. 소나무가 빽빽하게 둘러쳐진 뜨락에는 비질 자국이 선명했다. 물결처럼 출렁이는 흔적을 차마 밟을 수가 없었다.

누가 쓸었을까. 긴 시간 무엇을 생각하면서 이렇게 정갈하게 쓰레질했을까 싶었다. 어린 동자승이 어머니 얼굴을 그렸다 지우기를 반복한 것일까 아니면 사미니의 눈물과 몸부림의 자국일까. 잔잔한 물결처럼 이어지는 자국을 보는 내내 혼란스러웠다. 보푸라기 하나 없는 스웨터의 올처럼 흐트러짐 없는 비질 흔적을 바라보는 동안 어떤 장애나 거리낌도 없이 사르륵대며 밀고 나가는 소리가 귓전을 맴돌았다.

비질은 지우는 것만이 아니다. 누군가의 흔적은 지울지 몰라도 또 다른 무늬를 만든다. 떠다니는 나뭇잎은 물론 먼지 하나까지 다 쓸어냈다고 하지만 자국이 남는다. 가슴속 번뇌도 다르지 않다. 쓸고 또 걷어 내도 흔적마저 떨쳐내기는 어렵다. 속세와의 인연이 뜬금없이 다가오면 번민의 열병에 몸서리친다. 누구도 대신할 수 없는 생채기를 지우려 쓸고 또 쓸어도 이미 자리 잡은 상처는 지울 수가 없다. 자신의 만다라를 찾아 수십 년 동안 정진하는 어느 수도자도 번뇌는 죽음과 함께 사라진다고 했다.

경비 아저씨가 다시 비질을 시작한다. 목이 유난히 긴 대빗자루와 춤을 추듯 발을 맞추며 게걸음으로 나아간다. 대나무 탄력에 억지로 밀려가는 가랑잎이 사라지기도 전에 기다렸다는 듯 허공에는 낙엽이 흩날린다. 지나온 뒤안길은 관심도 없다는 듯 앞만 보고 비질하는 아저씨의 이마에 땀방울이 맺힌다. 날이 갈수록 앞만 보고 가기도 벅차기는 나도 마찬가지다.

사북

한번 박히면 빠져나올 수가 없다. 아무리 발버둥 쳐도 제자리만 맴돈다. 왜소하고 깡마른 체구지만 몰려오는 세파를 스스로 감당해야 한다. 설사 등이 굽고 허리가 휘어져 기동조차 힘들어도 마음대로 헤어나지 못한다. 온몸으로 버티는 그 자리가 얼마나 힘들고 어려운지 겪어본 자만이 알 수 있다.

세상 어디에나 중심이 있다. 무수한 별들로 뭉쳐진 은하계도 구심점이 있고 물을 안고 돌아가는 물레방아도 축이 있다. 망망대해를 떠다니는 큰 배나 강물을 따라가는 작은 가랑잎도 균형을 잃으면 전복되고 침몰한다. 사람이 사는 세상도 매한가지다. 누군가가 자신을 내려놓고 헌신적 봉사와 사랑으로 최선을 다해야 정상적으로 나아간다. 늘 반복되는 일상생활도 궤도를 이탈하지 않으려면 줏대가 확실해야 한다.

장수의 말 한마디가 전쟁의 승패를 좌우한다. 여차하면 단 번에 수많은 병사를 사지로 몰아간다. 진퇴를 결정할 때마다 결사의 의지로 고뇌에 찬 결단을 내린다. 얕은 생각으로 섣불리 덤비거나 함부로 칼을 빼다가는 필패로 이어진다. 몸에 맞지도 않은 자리에서 거들먹거리는 수장은 위급한 상황이 닥치면 몸부터 사리고 엉뚱한 데다 진을 쳐 싸워보지도 못하고 헛된 죽음이 되게 한다. 평상시에는 진정한 지휘관이 누군지 알기 어렵고 위험이 닥쳤을 때는 이미 늦다. 예나 지금이나 용맹스러운 장수가 버티는 군대는 군령이 서고 늘 대오를 갖추고 있다.

기업도 최고경영자의 신뢰가 중요하다. 뛰어난 능력자라 해도 독불장군으로 설쳐대면 마음을 얻기 어렵다. 직원을 가족처럼 생각한다 해도 말과 행동이 다를 때가 많다. 호황일 때는 공치사만 늘어놓다가 불황이 닥치면 직원들에게 책임을 전가한다. 총수의 일탈로 회사가 어려워져도 오롯이 직원들에게만 피해가 돌아간다. 정당한 임금도 시혜를 베풀듯 생색내며 아랫사람만 허리띠를 졸라매게 한다. 최고의 수장은 평소 있는 듯 없는 듯 조용히 지내다 고난이 닥치면 선봉에 서서 거센 풍파를 헤쳐 나간다.

고향 뒷산에도 있었다. 높은 산이라 계곡이 깊고 물길이 좋아 반질거리는 바위가 많았다. 산 중턱의 아늑한 지형은 쥘부채처럼 능선으로 둘러싸여 밖에서는 잘 보이지 않았다. 상서로운 기운이 밖으로 빠져나가지 못하게 계곡을 살짝 가리는 바위는 얼핏 봐도 능선을 타고 내려온 정기가 응축되는 묘한 형세였다. 펼쳐진 여러 능선이 부챗살같이 모여드는 곳에 있는 바위를 사람들은 사북바위라 불렀다.

어김없이 큰절이 자리 잡았다. 주변에 닥나무가 많고 계곡에 흐르는 물이 좋아 불교 경전 발간을 시작하자 장기간 머무는 스님과 신도가 늘어났다. 끊임없이 찾아오는 사람 뒤치다꺼리에 염증을 느낀 상좌 중이 제발 빨리 떠나게 해달라고 날마다 기도했다. 어느 날 행인이 절 입구에 있는 바위만 깨뜨리면 단숨에 해결된다는 말을 남기고 사라졌다. 상좌 중은 아무도 모르게 정을 박아 산산조각을 냈다. 바위 때문에 스님과 신도가 많다는 말에 바위부터 깨뜨린 것이었다. 깨진 바위에서 봉황새가 울면서 날아가자 빈대가 들끓는 절에는 신도의 발길이 끊어지고 얼마 후 소실되었다. 여러 번 전설의 고향에 등장하고 문헌에도 남아 있는 대찰은 푸른 이끼를 뒤집어쓴 석조石槽와 주춧돌 몇 개만 남겨둔 채 완전히 사라졌다.

쥘부채에도 중추가 있다. 부채의 줏대라 불리는 성냥개비보다 가늘고 짧은 철심이다. 비록 시서화가 뛰어난 합죽선이라 해도 중심이 없으면 무용지물이다. 사력을 다해 대오리 다발을 붙잡고 있어도 워낙 은밀한 곳이라 아무도 관심이 없다. 사람들은 오직 눈에 보이는 산수화나 글씨에만 정신이 팔려 탄성을 지른다. 설사 인간문화재 선자장의 백 번이 넘는 손길로 만들었다 해도 부채 목을 고정하는 철심이 박혀야 비로소 완성된다.

줄타기 공연을 보러 갔다. 긴 빨랫줄 같은 외줄 하나만 허공에 걸쳐져 있다. 안전장치가 없어 중심을 잃고 떨어지면 광대 인생이 끝날 수도 있을 것 같다. 삼현육각의 주악이 울리자 남색 비단띠를 허리에 두른 줄광대가 단숨에 작수목에 오른다. 외줄 앞에 서서 어릿광대와 몇 마디 말을 주고받으며 박수와 추임새를 유도하더니 하얀 버선발을 줄 위에 살포시 올린다. 공작 깃털이 달린 모자를 쓴 줄꾼이 비틀거릴 때마다 허름한 쥘부채가 허공에서 춤을 춘다. 관객들은 숨을 죽인 채 마른침도 삼키지 못한다. 쥘부채를 모아 쥐고 능청거리는 외줄을 따라 몇 발짝 나아가더니 갑자기발을 헛디딘 듯 툭 떨어졌다가 허공으로 튀어 오른다. 파란 하늘에 붉은 합죽선이 쫙 펼쳐지자 탄성과 박수가 동시에 터진다.

줄을 타는 기예는 어디서나 만날 수 있다. 중국 예술단의 줄타기는 상상을 초월한다. 아득한 고공에서 그네를 타듯 활공하다가도 어느 순간에 뚝 떨어져 관객의 가슴을 철렁하게 만든다. 때로는 외줄 하나에 목숨을 의지한 채 천길 협곡을 건너는 장면을 연출하고 대롱대롱 줄에 매달려 별별 기예를 다 보여주며 간담을 서늘하게 한다. 화려한 복장과 곡예에 탄성과 박수가 터지지만, 관객과 함께 즐기는 장면은 찾아보기 어렵다. 연주와 추임새를 담당하는 악공이나 재담과 춤사위,

소리로 관객을 웃기고 울리는 어릿광대가 없기 때문이다. 단순히 줄만 타는 기예는 다양한 장르가 어우러지는 판줄놀음만큼 여운이 길지 않다.

어름사니가 줄타기 놀음의 주역이다. 줄 위에 서면 오직 발바닥에서 전해오는 외줄의 상태에 촉각을 곤두세운다. 벼 이삭을 훑듯 엄지발가락으로 줄을 꽉 잡고 줄의 장력과 탄성 마찰 상태는 물론 바람의 세기까지 면밀하게 파악한다. 발바닥이 흥건할 정도로 물을 뿌리고 발목에 각반까지 차지만 크고 작은 부상을 피하기는 어렵다. 설령 숙련된 줄꾼이라 해도 줄이 발바닥을 벗어나면 바로 균형을 잃고 바닥으로 곤두박질친다. 물먹은 솜처럼 육신이 무거워도 줄을 박차고 허공으로 날아야 줄꾼이다. 판줄놀음의 주인공인 줄광대는 오늘도 출렁대는 외줄을 타며 부채를 접었다 펼치기를 반복한다.

어디에도 사북이 있다. 탐내거나 바라지 않아도 운명적으로 정해진다. 부챗살이 펼쳐질 때마다 허리가 끊어질 듯 고통스러워도 참아내는 철심처럼 온몸으로 버텨낸다. 위계질서가 철저한 조직일수록 쉽게 굴레에서 벗어나지 못한다. 한번 정해지면 추스르기도 힘든 노쇠한 몸이라 해도 거칠게 밀려오는 삶의 무게를 오롯이 짊어져야 한다. 묵묵히 걸어가는 그 길은 보이지도 않고 정해진 법칙도 없다. 가쁜 숨을 몰아쉬는 황소처럼 다리를 후들거리며 앞만 보고 걸어갈 뿐이다. 종이가 찢어지고 대오리가 부러져도 죽는 날까지 묵묵히 역할을 다한다.

인간의 삶도 마찬가지다. 줄부채같이 중심이 굳건해야 궤도를 이탈하지 않는다. 사북을 벗어나지 못하는 부챗살처럼 정해진 길을 우직하게 따라가야 한다.

석연石硯

묵지墨池가 서서히 차오른다. 생멸을 반복하는 윤회의 원을 그릴 때마다 속세의 번뇌와 고통이 연마되어 검은 물이 된다. 타고 남은 연기가 뭉쳐진 먹이 형체를 버리고 다시 물과 바람으로 돌아간다. 소신공양하듯 자신을 내려놓은 육신을 받아주는 돌벼루를 바라보면 한 얼굴이 환영처럼 나타난다.

고등학교 졸업식 날이었다. 한동네에서 나고 자란 친구가 비단 보따리를 들고 나타났다. 묵직해 보이는 것만 봐도 책이나 먹거리는 아닌 것 같았다. 순간적으로 여러 가지를 떠올렸지만, 답을 찾을 수가 없었다. 단단히 묶여 있는 보퉁이를 별생각 없이 건네받으려다 깜짝 놀랐다. 어찌나 무거운지 소리 지르며 떨어뜨릴 뻔했다. 무거운 선물을 들고 당황해하는 모습을 지켜보던 친구는 빙긋이 웃기만 했다.

홀쳐맨 보자기를 풀었다. 조심스럽게 고를 풀자 똬리 튼 검은 용이 금방이라도 승천할 것처럼 두 눈을 부라리며 꿈틀거리고 있었다. 천년을 다 채우고 막 하늘로 치솟을 것 같은 역동적인 모습이었다. 순간적으로 멈칫하며 손을 놓았다. 생동감 넘치는 비늘, 철사 같은 긴 수염, 불을 뿜을 것처럼 쩍 벌린 입, 날카로운 발톱을 한참 동안 들여다보았다. 손만 닿으면 바로 구름 속으로 날아갈 것처럼 완벽한 자세를 취하고 있어 선불리 만질 수가 없었다.

보령 남포벼루였다. 먹이 곱게 갈리고 찌꺼기가 생기지 않는다는 명품이었다. 돌벼루는 문방사우 중에서도 강함과 우직함으로 선비의 뜻을 오래도록 지켜준다. 적절한 경도와 밀도를 갖춘 견고한 사암은 먹물이 오래 고여 있고 조각도 쉽지만, 층이나 눈과 같은 결함이 없는 원석은 구하기 어렵다. 아무리 색상이 아름다워도 화강암처럼 너무 경도가 높으면 먹이 잘 갈리지 않고 지나치게 무르면 먹물이 빨리 말라 좋은 묵해墨海가 되지 못한다. 지금도 먹을 갈 때는 끈적거리지 않고 모아둔 묵즙이 열흘 이상 마르지 않아야 일품으로 친다.

돌만 좋다고 명품은 아니다. 장인의 혼이 담기지 않으면 걸작이 될 수가 없다. 사상과 문화가 들어 있는 문양과 모양을 조각하는 일은 아무나 할 수가 없다. 대략적인 형상은 기계톱과 같은 장비를 사용하지만 세밀한 부분은 지금도 끌이나 조각칼로 새긴다. 학이나 거북과 같은 장수 동물은 물론이고 선비의 기개를 상징하는 사군자나 다산을 기원하는 포도를 새겨 넣는 일은 장인만이 할 수가 있다. 어깨에 박인 굳은살에 체중을 싣고 밀지 않으면 조각칼은 꿈쩍도 하지 않는다. 결을 따라 들숨과 날숨을 조절하며 돌을 깎는 장인의 땀방울이 칼끝의 마찰을 줄여주고 열을 식혀준다. 적절한 비율로 연당과 연지를 만들고 윤이 반질거리도록 밀랍을 바르는 작업을 반복한다.

친구는 아래윗집에 사는 죽마고우였다. 한동네서 나고 자라서 그런지 꿈과 이상은 물론이고 좋아하는 과목도 유사했다. 유년 시절부터 주변에 산재한 고분군의 도굴을 지켜보며 유난히 역사에 관심이 많았고 궤짝 속에 가득한 고서적을 접하면서 옥편을 가까이했다. 학교를 오갈 때는 신문과 방송에서 보고 들은 내용을 끊임없이 되새김질하고 밤하늘에 사선을 그리는 유성을 바라보며 별자리를 확인하기도 했다. 옆에 있으면 든든하고 없으면 뭔가가 허전했다. 하지만 그런 시간은 잠시였다. 중학교를 졸업하면서 서로 다른 길을 가야만 했다.

졸업을 한참 앞두고 취업이 확정됐다. 노랗게 물든 은행잎이 작은 바람에도 달개처럼 반짝거리는 초가을 어느 날 집을 나섰다. 친구는 옷 가방을 대신 들고 시내까지 따라왔다. 가을바람에 흩날리는 공업탑 분수대를 덧없이 바라보고 허허벌판에 우뚝 선 시청 울타리에 남아 있는 빨간 장미를 배경으로 사진도 찍었다. 예비고사를 며칠 앞둔 수험생이었지만 끝까지 따라와 시간을 함께했다. 마치 입대하는 벗을 배웅하듯 버스가 출발하고도 한동안 그 자리에 서 있었다.

조금 떨어진 곳에 모교가 있었지만, 일부러 외면하고 돌아갔다. 정문 담벼락에 붙은 거대한 주물, 활비비처럼 몸을 꼬며 하늘을 향한 콘크리트 탑을 장식하는 황동 글자, 의장대처럼 중앙로 길가에 서 있는 가드레일 등을 용접했던 일이 생각날 것만 같았다. 한여름 내내 밤낮없이 쇠를 녹이고 붙였던 힘들었던 일들은 지워버리고 싶었다. 어쩌면 평생 쇳물과 씨름하며 살아야 할지도 모른다는 생각이 들 때마다 벗어나야 한다는 생각으로 몸서리쳤다. 스스로 채운 족쇄를 풀 때까지는 찾고 싶지 않았다.

벼루를 보물처럼 간직했다. 쫓기듯 삶에 허덕이면서도 벼루만큼은 비단으로 덧싸서 보관했다. 보자기를 풀면 선비가 되겠다던 꿈과 함께 눈을 부라리던 용이 날아갈 것만 같았다. 이사할 때도 신주 모시듯 별도로 들고 갔다. 누군가가 만지다가 떨어뜨리기라도 하면 희망도 박살날 것만 같아 남의 손에 맡길 수가 없었다. 영원히 보관할 수만은 없어 정년퇴직을 앞두고 삶의 고를 풀 듯 조심스럽게 보자기를 푼다. 반세기 가까이 묶어 두었던 돌벼루를 이제 놓아주려고 한다.

벼루는 작지만, 그 뜻은 광대하다. 고려의 명문장가 이규보는 비록 한 치도 안 되는 작은 웅덩이지만 무궁한 뜻을 쓰게 한다고 했다. 연당에 담긴 먹물은 누가 어떻게 사용하는가에 따라 사람을 울게 하고 웃게 한다. 먹물이 진하다고 좋은 글이 되지 않듯이 먹물깨나 먹었다고 훌륭한 사람이 되는 것도 아니다. 때로는 갈필이 습필보다 훨씬 힘찬 그림과 글씨를 만든다. 묵해는 자신의 견해보다 누군가의 심중을 표현하고 생각을 전파하는 메신저 역할을 한다.

묵즙이 또 흘러든다. 깊이를 알 수 없는 연지가 가득 차자 끝없이 원을 그리며 육신을 보시하던 먹도 한숨을 돌린다. 배 지난 자리처럼 일렁이던 파문도 흔적을 지운다. 가슴에 품었던 글과 그림이 잔잔한 먹물 위에 모습을 드러낸다.

검은 꽃

무쇠솥 하나가 검은 녹을 뒤집어썼다. 마치 수의처럼 육신을 덮고 있다. 염습을 끝낸 주검을 천으로 감싼 듯 어떤 빈틈도 보이지 않는다. 잉걸불보다 더한 열기를 견디느라 소신공양하듯 자신의 육신을 태워 살을 보듬었다. 화려한 색상도 매끄럽고 윤기 나는 감촉도 마다하고 거칠고 투박한 모습으로 당당하게 곧추서 있다.

철은 억겁의 세월을 참고 지냈다. 너도나도 경쟁적으로 바깥으로 나가도 은둔처를 벗어나지 않았다. 면벽 묵언 수행하듯 자세를 낮추고 더욱 몸을 움츠렸다. 두문동에 잠적한 여말 신하들처럼 누구도 찾을 수 없는 깊은 곳에서 숨소리마저 죽였다. 하지만 세상 사람들은 밀정같이 촉 좋은 광부를 앞세우고 구석구석 파고 들었다. 깨지고 바스러지고 피 같은 녹물을 내

뱉으며 끌려 나온 지도 수십 세기가 지났다.

삼한 땅에는 철을 생산한 흔적이 곳곳에 남아 있다. 야금冶金기술이 발달한 가야국에서는 국내는 물론 일본과 중국에도 수출했다고도 한다. 수도였던 국립김해박물관뿐만 아니라 함안이나 합천박물관에도 그 흔적이 전시되고 있다. 껍질은 빈틈없이 부풀어 검붉게 변하고 흰 속살은 검게 삭아도 형체만은 그날을 기억하고 있다. 칼과 창, 철제 갑옷과 투구, 정강이와 목가리개, 다양한 형상의 미늘쇠 같은 무기와 도끼와 곡괭이 같은 농기구 등이 눈길을 끌지만, 덩이쇠[鐵鋌]가 발길을 잡는다.

덩이쇠는 가운데가 잘록하고 양끝이 넓다. 이차 가공과 운반이 쉽도록 형상을 단순화하고 지나치게 무겁거나 가볍지 않게 만들었다. 각종 철강 제품을 제작하는 소재로 대부분 중간과정을 거친다. 지금도 용광로에서 철광석을 녹여 뽑아낸 선철 덩이를 제강이나 제철 공장에 보낸다. 최초로 만들어진 선철은 불순물이 많고 대량 생산이라 소품종 대량 생산에는 적합해도 소량 다품목을 생산하는 공장에서는 대형 강괴鋼塊를 사용한다.

유년 시절, 뒷산에서 유물이 쏟아졌다. 원삼국시대부터 삼국시대에 이르는 분묘가 많은 문중 산에는 봄철부터 도굴꾼들이 몰려들었다. 가난한 동네 어른들은 외지 사람이 숨어들어 도굴하든 말든 흙만 덮어 놓고 가면 무관심하게 지나쳤다.

열 살 때였다. 궁금증을 참지 못하고 멀찌감치 떨어져 도굴꾼을 따라갔다. 도래솔 밑에 당도하자 사방을 두리번거리더니 짐을 풀고 굵은 철침을 땅속으로 찔러 넣었다. 조심스럽게 이곳저곳을 찔러대다가 어느 지점에서 집중적으로 탐색하더니 호미보다 조금 큰 괭이로 흙을 파기 시작했다. 오줌동이만 한 구멍에 두더지처럼 쏙 들어갔다. 궁금증을 참지 못하고 다가갔더니 비 오듯 땀을 흘리며 뭔가를 밖으로 들어냈다. 처음 보는 토기와 멍게 껍질같이 울퉁불퉁한 도끼와 창이 무더기로 쏟아져 나왔다.

초등학교 수학여행은 경주로 갔다. 논바닥에 방치되고 산중턱에 흩어진 유적지를 돌다 박물관에 갔다. 비좁고 낡아서 그런지 전시 유물도 많지 않았다. 화려한 금관과 금동불상을 제외하면 눈에 익은 유물들이었다. 철제품의 부식된 모양이나 형상은 얼마 전 뒷산에서 본 것과 착각할 정도로 비슷했다. 왜 저런 모양으로 녹이 슬었는지 궁금했지만 물어보지는 못했다.

매년 수억 톤의 철이 고로에서 쏟아져 나온다. 우리나라에서도 반세기 전 포스코에서 시작된 쇳물이 여태 밤낮 가리지 않고 흘러나온다. 철광석이야 다른 나라에서 수입해도 산업의 필수 소재인 철을 생산하고 가공하는 야금 기술은 이미 최고의 수준을 자랑한다. 분쇄된 돌을 보면 등산하다 본 너덜겅이나 강바닥에 깔린 조약돌과 별반 차이가 없어도 녹여보면 다르다.

용융온도에 도달하면 파쇄된 철광석에서 분리된 오렌지빛 쇳물이 벌꿀처럼 아랫부분에 깔린다.

용광로는 이별의 장소였다. 정해진 순서에 따라 컨베이어를 타면 저절로 수천 도의 고로에 빨려 들어갔다. 들어가고 싶다고 들어가는 것이 아니듯 싫다고 발버둥 쳐도 소용없다. 홍수는 자연의 형태만 바꾸지만, 불꽃은 태우고 녹여 본질을 바꿔버렸다. 수십억 년 동안 자신을 지켰던 암석은 거품이 되어 허우적대고 영원히 함께할 것 같았던 동반자는 불꽃 속으로 사라졌다. 무서웠다. 시시각각 더해지는 불기운을 이겨내기에는 역부족이었다. 열기를 머금은 채 주황빛 액체가 되어 미끄럼 타듯 탕도湯道를 따라 흘러내렸다.

열기가 사라지자 순식간에 검게 변했다. 수초 모양으로 생겨난 검은 꽃이 전신을 덮었다. 열기와 부기가 빠져나가고 온전한 형체를 갖추기도 전에 달려들었다. 시간을 두고 서서히 피어나 암세포같이 파고드는 붉은 녹과는 달랐다. 쇳물이 열기를 떨쳐내지 못하고 붉은 기운이 남아도 일시에 딱지처럼 꽃을 피웠다. 뼈와 살을 감싸는 짐승의 가죽이나 나무를 보호하는 껍질이 되어 단단하게 자리 잡았다. 고온에서 고체로 변해버린 검은 산화 피막은 어떤 침입자도 속살을 파고들지 못하게 막아준다. 자신을 불사른 검은 꽃이 더는 부식되지 않도록 산소의 침투를 막는다. 멀쩡한 칼을 벌겋게 달궜다가 물에 식혀 검게 만드는 것도 그 때문이다.

주검 같은 검은 녹도 한시적이다. 어떤 두꺼운 갑옷과 튼튼한 방패도 시간이 지나면 낡고 썩어가듯 영원하지는 않다. 세상 어디에도 영원한 것이 없듯이 아무리 강한 피막도 때가 되면 열어지고 갈라진다. 시간이 이끄는 대로 산화되고 가루가 되어 흩어진다. 어떤 형체도 남김없이 물과 바람이 되어 본래의 모습으로 돌아간다. 거추장스러운 옷을 벗어 던지고 참회하듯 핏물을 쏟으며 자신의 형상마저 내려놓는다. 다시는 욕망으로 가득 찬 인간의 무기나 도구가 되어 죄 없는 사람을 살해하고 밤낮없이 힘겹게 일하지 않는 세상으로 떠난다.

무쇠솥을 바라보다 발길을 옮긴다. 포스코 역사박물관 벽면을 따라 철을 제조하는 과정을 찬찬히 들여다본다. 이제야 국내 최초라는 이름을 달고 서 있는 검붉은 용광로가 보이고 검은 꽃이 전신을 휘감은 철제 솥 뒤에 적힌 글귀도 눈에 들어온다. '자원資源은 유한有限 창의創意는 무한無限'하다는.

묘박지에 피는 꽃

버려진 섬처럼 널브러져 있다. 닻을 내린 채 접안 순서를 기다리며 휴식을 취하느라 꿈쩍도 하지 않는다. 먼 길을 돌아온 배는 사력을 다한 마라톤 선수처럼 누구의 시선도 의식하지 않고 지친 몸을 바다에 뉜다. 언제부터 정박하고 있었는지도 알 수 없는 대형 화물선 쪽을 향해 바지선 한 척이 힘겹게 다가간다.

배는 암초에 뿌리를 내렸다. 가끔 파도가 철썩거려도 본체만체 한다. 간을 보듯 부딪치던 물결도 제풀에 지쳤는지 이내 잦아든다. 잔물결에도 들썩거리는 작은 배와 달리 드물게 항구를 드나드는 큰 배가 만든 너울이 힘차게 밀려와도 수문장처럼 제자리를 지킨다. 탯줄을 자르고 세상에 첫발을 내디딘 안태본 조선소가 멀리 보여도 가만히 바라볼 뿐 말이 없다.

묘박지錨泊地는 닻을 내린 배들이 머무는 곳이다. 여객선이나 소형 선박은 접안 시설을 사용하지만, 대형 선박은 가까이 다가가지 못한다. 대형 유조선이나 화물선은 먼 곳에서 별도의 하역설비나 바지선을 통해 선적하고 하역할 때가 많다. 큰 배가 머무는 곳은 충분한 면적과 수심은 물론 갈고리를 잡아줄 수 있는 견고한 암초도 있어야 한다. 방향과 위치를 알려주는 등대나 부표는 기본이고 무엇보다 파도가 사납지 않아야 작업이 순조롭다. 비좁고 얕은 부두는 밤낮없이 바쁘게 북적대는 곳이라 정박지에서 기관을 수리하고 연료를 채우기도 한다.

정착하는 것은 아니다. 무작정 오래 머무르지도 않는다. 집을 짓고 새끼를 키우다 때가 되면 훌쩍 떠나는 제비처럼 출항준비가 끝나면 가뭇없이 떠난다. 생사기로에서 헤맬 때마다 다시는 배를 타지 않겠다고 다짐해도 기력이 회복되기도 전에 바닷가에 나와 출항 일정을 살핀다. 온갖 난관이 기다리고 있는 줄 알면서도 가족의 얼굴을 떠올리며 승선한다. 날마다 수평선을 바라보며 어둠과 박명을 맞이하고 보내다 보니 와글거리는 좁은 공간, 삶에 지친 뭇사람들의 표정, 날마다 반복되는 일상이 몸에 배지 않아 도피하듯 바닷길을 나선다.

오랫동안 몸담았던 회사는 부두를 갖고 있었다. 수심이 얕고 접안 시설이 턱없이 작아 대형 화물선은 들어올 수가 없었다. 날마다 들락거리는 수천 톤의 철강을 바지선이 운반했다.

바다를 건너왔든 아니든 가공이 끝나면 다시 물길을 따라 어디론가 떠나갔다. 덕분에 가난하고 힘들었던 시절 국내 최초로 일억 불 수출탑을 두 번이나 수상하기도 했다. 산업의 쌀이라 불리던 강철을 가득 실은 무동력 바지선이 자맥질하듯 천천히 나갔다가 엉덩이를 흔들며 들어올 때마다 달러도 따라 들어왔다.

틈만 나면 콘크리트 방파제에 나갔다. 먼 바다에는 크고 작은 배들이 정박하고 있었다. 어디서 왔다가 어디로 가는지가 늘 궁금했다. 일이 늦게 끝나거나 숙직하는 날은 저녁에도 나갔다. 간단없이 밀려드는 파도 소리를 벗 삼아 서산 그림자가 바다에 빠져들기를 기다렸다. 반대편 산기슭에 따개비처럼 붙어 있는 산동네가 검게 변하고, 핏빛 노을마저 서산을 넘어가면 갈매기들은 지친 날개를 퍼덕이며 어둠 속으로 사라졌다. 종일토록 바닷속 열명길을 들락거리던 해녀들도 마지막 숨비소리를 남기고 테왁을 챙겨 뭍으로 올라왔다.

어둠이 내리면 바다에는 붉은 꽃이 피었다. 밤에만 핀다는 달맞이꽃처럼 슬며시 피어났다. 샛별처럼 모습을 드러낸 불빛은 물결이 일렁일 때마다 파도에 부서져 흩어졌다. 밤바다에 어둠이 짙게 깔리면 곳곳을 밝히는 희미한 전등불은 흐트러진 별자리가 되었다. 오징어잡이 배처럼 지나치게 밝지도 않고 유람선같이 화려하거나 눈부시지도 않았다. 겨우 자신의 존재만 알려주는 울밑에 핀 봉숭아처럼 언제나 이별의 처연함이 녹아 있었다.

새벽이면 여명과 함께 꽃이 사라졌다. 붉은 태양이 치솟는 일출보다 국적조차 알 수 없는 배들이 밤을 새운 묘박지에 먼저 눈이 갔다. 어둠이 걷히고 안개마저 제자리로 돌아가면 물 위를 날던 갈매기도 선체에 앉아 깃털을 매만졌다. 밤새 누가 떠났고 들어왔는지를 살폈다. 나그네의 휴식처 같은 그곳에는 상처투성이의 풀이 죽은 배도 있고 금의환향한 듯 의기양양한 자태를 뽐내는 선박도 있었다. 가끔은 수많은 병사를 갑판에 도열시킨 잿빛 전함이 정박지를 헤집고 으스대며 들어왔다. 어떤 모습으로 나타나든 정해진 시간이면 모두가 떠나갔다.

떠난다는 것은 쉽지가 않다. 구도의 길을 걷는 수행자도 한 번쯤은 망설인다. 안정되고 익숙한 삶을 팽개치고 불안하고 힘든 길을 선택하려면 많은 것을 내려놓아야 한다. 사무치게 파고드는 연을 과감하게 떨쳐내지 않고는 한 걸음도 떼지 못한다. 육지가 시야에서 사라질 때마다 가슴을 파고드는 가족의 얼굴은 늘 서럽게 다가온다. 갖가지 사연들을 가슴에 담은 채 소박한 꿈을 향해 나아간다. 많은 것을 바라거나 특별한 삶을 기대하지 않아도 어느 것 하나 녹록지가 않다.

큰형님도 배를 타려고 했다. 보릿고개에서 해방되려는 몸부림이었다. 전쟁의 상흔이 곳곳에 남아 있던 그때는 변변한 공장도 일자리도 없어 의식주 해결도 힘들었다. 온 식구가 죽을 힘을 다해 농사를 지어봐야 입에 풀칠도 힘들었다. 전쟁 중인

베트남 건설 현장이나 두더지처럼 석탄을 캐는 독일 광부를 선호했지만, 기회가 주어지지 않아 외항선 마도로스가 되려고 했다. 하지만 그 또한 조건이 까다로웠다. 가족들의 기대를 한 몸에 안고 수년간 노력했지만 원양 어선조차 타보지 못하고 꿈을 접었다.

나도 그런 적이 있다. 열사의 나라 중동 건설 현장의 용접공이 되기로 마음먹었다. 얼마나 열악한 환경인지 어떤 나라인지도 잘 몰랐다. 기울어 가는 집안을 일으켜 세우려는 생각뿐이었다. 일 년 동안 새벽부터 늦은 밤까지 오직 용접기 앞에만 앉아 있었다. 쇠를 녹이면서 발생하는 가스에 정신이 혼미해지고 이마에서 흐른 땀이 뜨거운 쇳덩이에 떨어져 소리를 질러도 생명줄이라 생각하고 용접기는 꼭 잡고 있었다. 어쩌다 화상을 입고 물집이 생겨도 반창고만 바르고 용접봉을 태웠다. 조선소 앞바다에 정박한 배들을 바라보며 날마다 희망에 부풀었다. 이따금 배를 타고 먼 바다로 나가는 꿈도 꾸었지만, 누군가의 말 한마디에 한낱 허상이 되었다. 열 배의 임금도 가족들의 희망과 꿈도 일시에 무너져 내렸다. 유난히 바닷바람이 세차게 몰아치는 그해 겨울, 붉은 꽃이 조선소 바다에 피어나는 저녁 무렵에 시내버스에 몸을 실었다.

수년이 지나 묘박지의 선체에 올랐다. 지난날 그렇게 타고 싶었던 큰 배였다. 가까이 갈수록 절벽처럼 다가왔다. 파도가 칠 때마다 그네처럼 흔들리는 줄사다리를 잡았다. 발을 옮기려고 할 때마다 흔들리는 바람에 외줄타기 유격 훈련을 받을 때보다 더 떨렸다. 거미처럼 잽싸게 올라간 선원들의 도움을 받아 겨우 갑판에 올랐다. 일만 톤 미만의 화물선이었지만 멀리서 볼 때와는 전혀 딴판이었다. 기관실부터 식당 휴게실까지 돌아보고 갑판에 올라서니 멀리 보이는 십만 평의 회사 건물도 모형처럼 보였다. 분주하게 오가던 선원들이 제자리를 잡자 힘찬 스크루 소리와 함께 배가 움직였다.

배는 흔적을 남기지 않았다. 아무리 오래 머물러도 마찬가지였다. 암초처럼 먼발치에 있든 앞산을 가릴 정도로 앞에 있든, 잠시 머물렀든 몇 달 동안 정박했든 떠나면 그만이었다. 누가 얼마나 정박했는지 누구도 입에 올리지 않고 기억도 하지 않았다. 그냥 스치듯 지나가는 바람처럼 망막에 비쳤을 뿐 언제 어떻게 떠났는지 어디로 갔는지 아무도 관심이 없었다.

사람도 쉼 없이 떠다니지만, 관성에 의해 궤도를 따라 돌고 돈다. 원하는 학교나 직장을 찾아가고 시대의 물결에 떠밀려 가도 이야깃거리일 뿐이다. 생각지도 못한 곳으로 빠져들어 갈등과 고통으로 밤을 새워도 그러려니 할 뿐이다. 학교의 선택, 성적 관리와 직업 선택, 결혼과 육아, 내 집 마련과 노후 걱정 등 알고 보면 모두가 자신만의 문제이다. 혼자서 힘들어하고 아파하며 밤새 가슴을 쥐어뜯어도 결국 자신의 문제일 뿐이다.

세상 만물은 한곳으로 돌아간다. 약간의 시차는 있을지언정 다른 길이 없다. 후세에 이름을 남기려 야단법석을 떨어도 그 또한 부질없는 짓이다. 자신만의 만다라를 찾아 구름처럼 떠다니는 수행자들도 늘 생사의 경계를 넘나들며 번민에 허덕이지 만, 그 또한 마찬가지다. 묘박지를 들락거리는 거대한 선박도 언젠가는 붉은 녹이 되고 바람이 되어 본래의 자리로 돌아간다.

바다는 딱히 누구를 기다리지 않는다. 찾아오면 받아주고 떠나도 미련 두지 않는다. 지금도 묘박지에는 크고 작은 붉은 꽃들이 끊임없이 피고 진다. 이 땅에 잠시 머물렀다 떠나는 사람들처럼.

■ 작가연보

【학력】
1984년 동아대학교 기계공학과 학사
1991년 동아대학교 기계공학과 석사
1995년 동아대학교 기계공학과 박사

【경력】
1983년 국제그룹 기획실 입사
1985년 연합철강공업주식회사 전보
1996년 동의과학대학교 자동차과 교수 임용
2018년 옥조근정훈장 수훈
2023년 동의과학대학교 자동차과 정년 퇴임
2023년 동의과학대학교 명예교수
2023년 한국국제협력단(KOICA) 활동(현재)

【수상/선정】
2016년 《수필과비평》 신인상 수상
2017년 부산문화재단 창작지원금 선정
2017년 경북일보문학대전 은상
2018년 경북문화체험수필 금상
2018년 포항스틸에세이 대상
2019년 The 수필 〈빛나는 수필가 60〉 선정 〈모탕〉
2019년 부산문화재단 창작지원금 선정
2020년 The 수필 〈빛나는 수필가 60〉 선정 〈쇠꽃〉
2021년 전국교단수기 은상
2021년 수필과비평문학상

2021년 《경남신문》신춘문예 수필 당선 〈고주박이〉
2021년 The 수필 〈빛나는 수필가 60〉 선정 〈득음〉
2022년 등대문학상 우수상
2022년 포항소재문학상 최우수상
2022년 아르코 발간지원 선정
2022년 아르코 발표지원 선정
2022년 The 수필 〈빛나는 수필가 60〉 선정 〈시김새〉
2023년 아르코 발표지원 선정
2024년 아르코 발표지원 선정
2024년 부산문화재단 창작지원금 선정
2024년 청송객주문학대전 장려상

【문단활동】
부산문인협회 부회장
부산수필문인협회 이사
수필과비평작가회의 회원
부산수필과비평작가회 부회장
부경수필문인협회 부회장

【수필집】
2017년 수필집 『대대리 별곡』
2019년 수필집 『모탕』
2021년 수필집 『고주박이』
2022년 수필집 『시김새』
2024년 수필집 『검 · 은 · 꽃』
2025년 수필선집 『곡비』

현대수필가 100인선 Ⅱ · 98
김순경 수필선

곡비哭婢

초판인쇄 | 2025년 04월 25일
초판발행 | 2025년 04월 30일

지은이 | 김 순 경
펴낸이 | 서 정 환
펴낸곳 | 수필과비평사 · 좋은수필사

주 소 | 서울시 종로구 삼일대로 32길 36.
(익선동 30-6) 운현신화타워 305호
전 화 | 02)3675-5635, 063)275-4000
등 록 | 제300-2013-133호
홈페이지 | http://www.shinapub.com
e-mail | essay321@hanmail.net

값 10,000원

ISBN 979-11-5933-584-6 04810
ISBN 979-11-85796-15-4 (전 100권)